Peter Steiner

Die dionysischen Tänze grosser Dichter

Peter Steiner

Die dionysischen Tänze
grosser Dichter

Und was uns Wilhelm Reichs
Vegetotherapie erklären kann

Bibliografische Information der Deutschen Nationalbibliothek:
Die Deutsche Nationalbibliothek verzeichnet diese Publikation
in der Deutschen Nationalbibliografie; detaillierte bibliografische Daten sind im Internet über www.dnb.de abrufbar.

© 2019 Peter Steiner

Herstellung und Verlag: BoD – Books on Demand, Norderstedt

Umschlag und Buchblock: Peter Steiner

ISBN: 978-3-7526-2797-8

Wagner:
Allein die Welt! des Menschen Herz und Geist!
Möcht jeglicher doch was davon erkennen.

Faust:

Ja, was man so erkennen heisst!
Wer darf das Kind beim Namen nennen?
Die wenigen, die was davon erkannt,
Die töricht g'nug ihr volles Herz nicht wahrten,
Dem Pöbel ihr Gefühl, ihr Schauen offenbarten,
Hat man von je gekreuzigt und verbrannt.

Goethe: Faust I

Inhalt

Vorwort

In den hier besprochenen Werken (unter anderem von J. W. von Goethe, E.T.H. Hoffmann, Friedrich Nietzsche, Rainer Maria Rilke und Franz Kafka) ist auch mal die Rede von unwillkürlichen Bewegungen, von Zucken, Schütteln und Tanz. So schreibt Rilke in «Die Aufzeichnungen des Malte Laurids Brigge» von einer Person, die von einer Naturkraft in zwingendem Zweitakt nach vorne gebogen und zurückgerissen wurde. Von dieser Naturkraft, der energetisch verstandenen Libido, schreibt auch Wilhelm Reich, der Begründer der modernen Körpertherapien. Er bezweckt mit der von ihm entwickelten Vegetotherapie die Befreiung des von ihm so genannten Orgasmusreflexes, der den Körper bei seiner ersten Weckung heftig nach vorne biegen und zurückkreissen kann, einem epileptischen Anfall nicht unähnlich. Die Ursache wird dieselbe Energie sein. In unserer zivilisierten Welt ist dieser Reflex bei den meisten blockiert, bestenfalls noch von im Fernsehen gezeigten oder in den Ferien beobachteten Tänzen her bekannt.

Wird er geweckt, kann dies der Auftakt zu einem aufreibenden Heilungsprozess sein. Das meint Rilke, wenn er als erstes Beispiel ein Kaninchen da anführt, wo er in «Die Aufzeich-nungen des Malte Laurids Brigge» von einem grossen Dichter spricht, der unter dem Sichtbaren nach Sinnbildern für atem-beraubendes inneres Geschehen suchte. Nun ist die Lieb-lingsbeschäftigung der Kaninchen sprichwörtlich, die doch auch wir in unseren Liedern oft besingen. Im dreizehnten Kapitel werde ich anhand einer längeren Textstelle aus dem «Faust» zeigen, dass auch Goethe davon erzählt, verkappt, wie es sogar ihm, ohne verfolgt zu werden, nur möglich war. (Siehe Goethes Verse Blatt 5)

Nietzsche, der im «Zarathustra» oft den Tanz erwähnt, ver-knüpft die dionysische Lehre mit einer alten indischen, wenn er in «Die Geburt der Tragödie» schreibt, dass die Zeiten des sokratischen Menschen vorüber seien, und rät, um erlöst zu werden, sich mit Efeu zu kränzen, den Thyrsosstab zur Hand zu nehmen und den dionysischen Festzug (tanzend) von Indien nach Griechenland zu begleiten. Nietzsche spricht also von einem heilenden Tanz!

Der Thyrsos, ein Symbol der Heilung, ist nach griechischen Erzählungen und Bildern meist von Weinranken umschlungen – in diesem Fall ein Stock von feiernden Trinkern. Als Symbol der Heilung ist er hingegen von zwei Schlangen umwunden. Davon schreibt Kafka, wenn er in «Das Schloss» den Protagonisten K. zu seinen beiden Gehilfen sagen lässt: «Ihr unterscheidet euch nur durch die Namen, sonst seid ihr einander ähnlich wie» – er stockte, unwillkürlich fuhr er dann fort – «sonst seid ihr einander ja ähnlich wie Schlangen.» Sie lächelten. «Man unterscheidet uns sonst gut», sagten sie zur Rechtfertigung.
Der Thyrsos symbolisiert denselben Prozess wie die Kundalini des klassischen Yoga, eine Schlange, die das von stupenden Erscheinungen begleitete bioelektrische Durchströmen des Rückenmarks symbolisiert. Es geht dabei gleichfalls um die energetisch verstandene Libido, wie sie, zumindest in seinen frühen Jahren, auch Sigmund Freud auffasste.

Mit diesen energetischen Vorgängen, die mit moderner Messtechnik problemlos nachzuweisen sind, gehen selbstverständlich auch chemische einher. Diese Bioenergie, aus langjähriger Verdrängung durch Lockerung chronischer muskulärer Verspannungen befreit, fliesst die Wirbelsäule hoch und breitet sich im ganzen Körper aus. Dabei aktiviert sie im Hirn akustische und visuelle Zentren und verursacht verblüffende Geräusche wie Summen, Glockentöne und Musik, aber auch Lichteffekte, die wohl Ursache des Gedankens der Erleuchtung sind. Dieser Prozess ist die durch die «Gräuel der Sozialisation» (Peter Sloterdijk) verhinderte, aber nachträglich nachgeholte Reifung zum ausgewachsenen Menschen. Leider überwuchern dieses Wissen zahllose närrische Ammenmärchen, wie sie in Religionen und in der Esoterik zuhauf zu finden sind.

Ist in Nietzsches «Also sprach Zarathustra» von einer Schlange die Rede, die ihren Hals gerade aufgerichtet nach immer reineren Höhen bog, und dass Zarathustra dieses Zeichen vor sich hinstellte, das seine Seele, aber auch eine Flamme ist, meint Nietzsche diese Kundalini. Und nicht von ungefähr dient eine Schlange als Symbol, verursacht diese Energie doch schlangenartige Bewegungen, den Orgasmusreflex, der in der Literatur aus Vorsicht mit einem Tanz umschrieben wird.

In Rilkes «Die Aufzeichnungen des Malte Laurids Brigge» wird der Thyrsos zu einem ans Rückgrat gepressten Stock, in den alle Kraft und aller Wille des Mannes eingingen, und der zu einer Kraft wurde, zu einem Wesen, das vielleicht helfen könnte und an dem der kranke Mann mit wildem Glauben hing. Zuckend und hüpfend ging er seinen Weg, bis die Kraft ausbrach wie ein Brand aus allen Fenstern und ein Tanz begann. Und dabei soll ein Gott erstanden sein! Damit wird Rilke Dionysos meinen, den Träger des Thyrsos, Symbol der Heilung.

Nun verursacht diese Schlangenenergie grosses Leid, wühlt sie doch die verdrängte Kindheit mit aller unterdrückten Wut, Ängsten und Schrecken unerbittlich auf, um alles erneut vor uns hinzustellen. Von daher werden viele Leiden Nietzsches, Kafkas, Rilkes und anderer erst verständlich. Nietzsche gibt uns dies in der Klage zu verstehen:

Was locktest du dich
ins Paradies der alten Schlange?
Was schlichst du dich ein
In dich – in dich?
Ein Kranker nun,
der an Schlangenkraft krank ist.

1

Welche Psychologie hilft uns, die hier besprochenen Dichter zu verstehen?

Sage mir, Muse, die Taten des vielgewanderten Mannes,
Welcher so weit geirrt, nach der heiligen Troja Zerstörung,
Vieler Menschen Städte gesehn, und Sitte gelernt hat
Und auf dem Meere so viel' unnennbare Leiden erduldet.
Seine Seele zu retten, und seiner Freunde Zurückkunft.

(Homer: Odyssee (Übersetzung Voss/Zeilen 1–5)

Um auszumachen, welche Psychologie uns über den hier behandelten psychosomatischen Prozess Aufschluss zu geben vermag, schauen wir erst mal bei Franz Kafka nach. Er nannte den therapeutischen Teil der Psychoanalyse mal einen hilflosen Irrtum. Und in einem Brief kritisierte er an Franz Werfels Drama «Schweiger»:

dass er zu einem Einzelfall degradiert, zu einer psychiatrischen Geschichte, was das Leiden einer ganzen Generation ist.

Und fährt fort:

Wer hier nicht mehr zu sagen hat als die Psychoanalyse, dürfte sich nicht einmischen. Es ist keine Freude, sich mit der Psychoanalyse abzugeben, und ich halte mich von ihr möglichst fern.

(https://deutschunterlagen.files.wordpress.com/2014/12/kafka-u-psychoanalyse.pdf)

Da es in Kafkas Werk auch um die Aufarbeitung psychischer Nöte geht, stellt sich die Frage, welche Erfahrungen ihn zu dieser Überzeugung oder Erkenntnis brachten. Diese Frage wurde meines Wissens bisher weder gestellt noch beantwortet – und so erklärt man Kafka beharrlich, trotz seiner Aussagen, beinahe ausschliesslich mittels der Psychoanalyse.

Kafka äusserte sich indes noch verächtlicher über sie. Am 25. Juni 1920 schreibt er in einem Brief an Milena Jesenská von seiner ersten Begegnung mit Otto Gross, einem Schüler Sigmund Freuds:

> *Otto Gross habe ich kaum gekannt; dass hier aber etwas Wesentliches war, das wenigstens die Hand aus dem «Lächerlichen» hinausstreckte, habe ich gemerkt.*

Otto Gross zog aus Freuds Lehren politische Konsequenzen und versuchte, psychoanalytische Erkenntnisse in die Arbeiterbewegung einzubringen. Freud liess ihn kommentarlos fallen. Wie Gross versuchte dies auch Wilhelm Reich, mit grösserer Zielstrebigkeit und eigenen Forschungen, da er sah, dass schwere psychische Störungen und das damit verursachte Elend – er spricht von einer emotionellen Pest – ein beinahe unausweichliches Schicksal war. Zudem bekam der Nationalsozialismus bald starken Auftrieb, worauf er 1933 sein Buch «Die Massenpsychologie des Faschismus» schrieb. Er wurde auf Freuds Initiative hin aus der Psychoanalytischen Gesellschaft ausgeschlossen.

Sublimierung um der Kultur willen, was Freud fordert, verhindert den hier behandelten Prozess, der erziehungsbedingte, charakterliche Konditionierungen aufbricht. Was in den grossen Dichtungen der Weltliteratur erzählt wird, wäre bei umgesetzter Sublimierung nicht zu erzählen. Dieser Prozess verfolgt das Ziel, das Es vom Diktat des virtuellen Ichs zu befreien und ist einer Sublimierung diametral entgegengesetzt. Durch gelungene Sublimierung wären weder die Ilias noch die Odyssee sowie auch viele andere kostbare Werke nie geschrieben worden. Wir hätten also weit weniger Kultur! Es ist ein Irrglaube, dass der psychisch gesunde Mensch nicht kreativ ist. Zwar würde eine gesunde Menschheit kaum das heutige neurotischrasante Tempo verschiedenster Entwicklungen einschlagen – diese könnten jedoch zu unserem grossen Vorteil besser kontrolliert werden. Glück haben sie uns doch nicht gebracht und Zukunftshoffnungen brocken mehr und mehr weg.

Worum aber handelt es sich bei dem hier aufgerollten Prozess? - einem Prozess, von dem rund um die Welt berichtet wird. Dazu zwei Zitate von Nietzsche:

> *Nach immer reineren Höhen biegt sie den Hals*
> *eine Schlange gerad aufgerichtet vor Ungeduld:*
> *dieses Zeichen stellte ich vor mich hin.*
> *Meine Seele ist selber diese Flamme.*
>
> (Friedrich Nietzsche/Das Feuerzeichen/Goldman/Klassiker 7511/S. 211)

Ich weiss aus Erfahrung, dass Nietzsches Übermensch vor allem wegen Vorurteilen nicht verstanden wird. Die Kundalini, um die es sich hier handelt, ist der Literaturwissenschaft eine Chimäre, die sie abschätzig ins Esoterische scheuchen. Das nächste Zitat macht verständlicher, was Nietzsche mit der Schlange meint:

> *Die erste Natur – So wie man uns jetzt erzieht, bekommen*
> *wir zuerst eine zweite Natur: und wir haben sie, wenn die*
> *Welt uns reif, mündig, brauchbar nennt. Einige Wenige sind*
> *Schlangen genug, um diese Haut eines Tages abzustossen:*
> *dann, wenn unter ihrer Hülle ihre erste Natur reif geworden*
> *ist. Bei den Meisten vertrocknet der Keim davon.*
>
> (Friedrich Nietzsche/Morgenröte/S. 455)

Es geht bei dieser Schlange also darum, seine Konditionierung aufzubrechen und zu seinem ererbten, natürlichen Kern zu finden. Das Symbol der Schlange hat sich Nietzsche in Indien entlehnt, die Kundalini des klassischen Yoga, was vor ihm schon E.T.A. Hoffmann und Goethe taten. Nach indischen Vorstellungen schläft sie unerweckt zusammengerollt im Steiss, steigt nach ihrem Erwachen den Wirbelsäulenkanal hoch und breitet sich im ganzen Körper aus. Oft erlebt man dabei wunderbare Lichterscheinungen – passend dazu bemerkt Nietzsche: «Meine Seele ist selber diese Flamme.»

Wenn ich von der Kundalini spreche, meine ich damit eine heute messbare, elektrische Bioenergie, die energetisch verstandene Libido. Diese Bioenergie ist selbstverständlich von chemischen Reaktionen begleitet, ohne dass Ursache und Wirkung auszumachen sind. Unsere Gefühle, und damit auch unser Denken, sind teils Folge davon, ob diese Energie infolge chronischer Muskelverspannungen und möglicher Bindegewebeverhärtungen gestaut ist oder aber frei fliesst, was beides unseren Charakter ausmacht.

Wir haben von unserer Libido eine allzu armselige Vorstellung. Ihre Gefühlsdimension stellt man sich nur annähernd richtig vor, wenn vieles, das heute als esoterisch oder religiöse Erfahrung verworfen wird, allerdings auf natürliche Ursachen zurückzuführen ist, zu unserem ordinären Verständnis hinzuaddiert wird. In diesem Sinn stehen verzückte Gläubige, aber auch mancher Psychotiker, wie abstrus ihre Vorstellungen sein mögen, woran es ja auch Religionen nie fehlt, ihrer Libido meist näher als der Homo normalis.

Dass eine Schlange als Symbol unserer Libido-Energie benutzt wird, ist nicht zufällig, macht sie doch in unwillkürlichen Reflexen schlangenähnlich tanzen, löst den von Wilhelm Reich gelehrten Orgasmusreflex aus. Sie macht auch rhythmisch Lachen oder Schluchzen, was bei noch nicht verdorbenen Kindern und Naturvölkern zu beobachten ist. Diese Reflexe sind auch bei Tänzen von Naturvölkern zu sehen!

«Die können tanzen, wir aber haben denken gelernt», sagte mir mal eine Intellektuelle, als wir Lambada-Tänzern zuschauten. Aber vielleicht lernen wir ja erst richtig denken, wenn der

Orgasmusreflex zugelassen werden kann, also keine neuro-
tischen Störungen unsere körperlichen und geistigen Bewegungen behindern.

Die Libido – oder Sexualenergie – wird durch unwillkürliche
Bewegungen abgeführt. Sind diese natürlichen Reflexe jedoch
durch chronische Verspannungen verhindert, wird sich die
Energie stauen und psychische Störungen aufrechterhalten.

(Wer mehr über Kundalini erfahren will, dem empfehle ich
folgenden Artikel im Internet:

http://www.horusmedia.de/1996-kundalini/kundalini.php.)

Nach meiner Kenntnis war es C. G. Jung, der als erster
Psychologe von der Kundalini sprach. Ich las also Jungs Buch
«Die Psychologie des Kundalini-Yoga», worin ein Vortrag über
dieses Thema aufgezeichnet ist. Jung war der Ansicht, dass
diese Energie in Indien von oben nach unten, im eher materiell
orientierten Westen jedoch von unten nach oben fliesst. Darauf
brachte eine Frau den richtigen Einwand, dass sich die
Kundalini immer zuerst von oben nach unten und darauf von
unten nach oben bewegt. Jung unterbrach sie autoritär.

Wie ich später genauer ausarbeiten werde, vor allem anhand
eines Tagebucheintrags von Franz Kafka, ist es notwendig,
diese eingebüssten Energien und Gefühle dadurch zu wecken,
dass zuerst an der chronisch verspannten oder erschlafften
Gesichtsmuskulatur gearbeitet wird. Dies wird fortgesetzt,
Verspannungen zersetzend, indem man sich von oben nach
unten vorarbeitet. Erreicht man den genitalen und analen
Bereich, nachdem Bauchspannungen aufgelöst worden sind,
wird der Tanz, oder Orgasmusreflex, freigesetzt. Darauf kann
die vordem gestaute Libido, oder Kundalini, durch das
Rückenmark nach oben fliessen und sich im ganzen Körper
ausbreiten. Dies ist ein äusserst strapaziöser Heilungsprozess,

der ein Jahrzehnt und länger dauern kann und selten gut endet, was bei einigen der hier besprochenen Dichtern nachzulesen ist.

Jung, der mutmasslich ein sehr vergeistigter Herr war, sofern es sich nicht um braune Schergen und Wotans Kriegsherrschaft handelte, hat die Bedeutung des körperlichen Hatha-Yoga mit all seinen teils seltsamen Verrenkungen wohl ausser Acht gelassen. Es bezweckt nicht nur eine körperliche Ertüchtigung für spätere Strapazen, welche die sich ausbreitende Energie verursachen wird, diese Übungen lockern auch chronische Verspannungen, wodurch verdrängte Gefühle und damit korrelierende Energien befreit werden. Teilweise erinnern diese Yogaübungen sehr an Dehnungsübungen.

Man kommt eben zu bescheidenen Resultaten, wenn Archetypen zusammengefügt und integriert werden sollen. Sie sind oft nichts anderes als Metaphern für Traumata, welche die Folge von durch die Menschheit weltweit in ähnlicher Art und Weise verdrängten Trieben sind. Die Art der Zivilisierung derselben Spezies mittels Verdrängungen wird rund um den Planeten auf ähnliche Art erfolgen. Einschränkungen der Atmung z. B. werden überall zu finden sein. Und einer eingeschränkten Atmung werden chronische Verspannungen derselben Muskelgruppen zugrunde liegen. Es ist daher kaum verwunderlich, dass diese Verdrängungsmechanismen, aber auch deren Heilung, weltweit durch ähnliche Bilder dargestellt werden.

Nach Jung sollen also Archetypen zusammengefügt werden, die es als Traumata doch schon sind! Um den Unsinn dieser Lehre zu zeigen, eignet sich der Trickster wohl am besten. Er ist ein junger Held oder Gott, der sich gegen Konventionen und Vorschriften auflehnt. Als Jugendlicher, während der Pubertät und Adoleszenz, tut und spricht er oft provokativ das Gegenteil von dem, was Eltern, Lehrer und andere Autoritäten von ihm erwarten. Allerdings haben Ethnologen festgestellt, dass

Jugendliche der Jäger- und Sammlerzeit keine oder nur wenige Pubertätsprobleme kannten. Sie hatten meist ihre eigenen Dörfer in der Nähe der Erwachsenen und waren kaum sexuellen Verboten unterworfen. Für unsere heutigen Begriffe waren sie erstaunlich autonom und wurden bis ins Alter von rund 15 Jahren zu keiner Arbeit gezwungen. Allerdings nahmen sie an diesen oft spielerisch lernend teil. Natürlich hatten sie auch keine Schulbänke zu drücken. Erziehung ist eine Verschwörung erzogener Erwachsener. Diese unsere Welt, die Ausbildung als grosses Privileg betrachtet, in der man ohne Schulung auch meist einem elenden Leben entgegensieht, haben wir uns aber selbst geschaffen und schaffen ja bekanntlich mit guter Ausbildung meist Unnötiges und Schädliches.

Der Trickster ist also jüngeren Datums und jung ist oft die Art und Weise, wie wir Problemen aus dem Weg gehen. Liesse man Kinder von Geburt an aufwachsen, wie sie es bei diesen Völkern oder Stämmen durften, entwiche der Trickster bestimmt wie Nebel in der Morgensonne aus dem vermeintlich kollektiven Unterbewussten. Allerdings muss ich gestehen, dass ich Jungs Psychologie nicht sehr gut kenne, da mir seine Lehren bald unglaubwürdig waren und ich mich nicht weiter in sie vertiefen wollte.

Nun ist Jung schon längst tot, aber es gibt noch immer Jungianer. So traf ich eine Frau, die mir erzählte, dass es sie nachts öfters schüttelte. Dies weckte sie jeweils, worauf sie kaum mehr einschlafen konnte. Als ich nachfragte, wie sich das abspiele, meinte sie, sie hätte gezappelt wie ein an Land gezogener Fisch, von Kopf bis Fuss. Und sie antwortete auf meine Frage hin, dass sie dabei nichts empfunden hatte. Es war ihr nur lästig. Allerdings nahm sie wegen diagnostizierter Schizophrenie Psychopharmaka, wodurch wahrscheinlich der Orgasmusreflex, den sie offensichtlich erlebte, so wie sie das Schütteln näher beschrieb, an Attraktion verlor. Er ist oft äusserst belebend und kann grosse Glücksgefühle auslösen. Ihr

Psychiater, zu dem sie meinte, dass sie Glück gehabt hätte, auf ihn gestossen zu sein, da er kein gewöhnlicher, sondern Jungianer sei und auch von anderem eine Ahnung habe, verschrieb ihr gegen die Schlaflosigkeit Schlafmittel und dosierte die anderen Medikamente höher. Da schüttelte es sie nachts, sie steckte möglicherweise in einem Heilungsprozess, wurde aber von ihrem wissenschaftlich geschulten Medizinmann mit Medikamenten abgefüllt. Ein solcher Heilungsprozess dauert allerdings viele Jahre und ist meist unglaublich aufreibend, was sie vielleicht nicht durchgestanden hätte. Ihre Situation ist jedoch kaum wünschenswerter, wie mich ihr stumpfer Blick sehen liess. Und sie wusste nichts vom Orgasmusreflex!

War ihrem Psychiater vielleicht bewusst, was ihr da mitspielte? Versuchte er, Schlimmeres zu verhindern, da gegebenenfalls ein grösseres Elend die Rechnung gewesen wäre? Hätte sich ihre als schizophren diagnostizierte Situation zugespitzt – die anderseits vielleicht gar keine war? Jedenfalls hätte sie als intelligente Frau über den Orgasmusreflex informiert werden müssen, der leider von den meisten Psychologen ignoriert oder verdrängt wird. Ihr Urteil jedenfalls ist gesprochen – lebenslänglich betäubende Medikamente zu schlucken und infolge einer deren Nebenwirkungen massig an Gewicht zuzulegen.

Natürlich versuchte ich, sie über den Orgasmusreflex aufzuklären, wovon sie aber, vermutlich in grosser Abhängigkeit von ihrem Psychiater, nichts wissen wollte.

2

Wilhelm Reichs Vegetotherapie.

... das wahre Wort hätte damals noch eingreifen, den Bau bestimmen, umstimmen, nach jedem Wunsche ändern, in sein Gegenteil verkehren können und jenes Wort war da, war zumindest nahe, schwebte auf der Zungenspitze. Jeder konnte es erfahren; wo ist es heute hingekommen, heute könnte man schon ins Gekröse greifen und würde es nicht finden.

(Franz Kafka/Erzählungen/Forschungen eines Hundes/Fischer 90371/ S. 397)

Vorauszuschicken ist hier ein kurzer Abriss von Wilhelm Reichs Vegetotherapie. Er beschreibt in Kürze die von ihm entwickelte Charakteranalytische Vegetotherapie so:

Ihr Grundprinzip ist die Wiederherstellung der bio-psychischen Beweglichkeit durch Auflösung der charakter-lichen und muskulären Erstarrungen (Panzerungen). Experimentell begründet wurde diese Technik der Neurosenheilung durch die Enthüllung der bioelektrischen Natur der Sexualität und der Angst. Sie sind entgegen-gesetzte Funktionsrichtungen des lebenden Organismus: lustvolle Expansion und ängstliche Kontraktion.

(Wilhelm Reich/Die Entdeckung des Orgons/Die Funktion des Orgasmus/KIWI Verlag 122/ S. 17)

Die bioelektrische Energie ist es, einhergehend mit einem heute besser erforschten chemischen Geschehen, was unsere Gefühle in Gang hält. Die durch eine chronisch verspannte Muskulatur blockierte Energie wieder zum Fliessen zu bringen und damit verdrängte, durch die Sozialisierung ausgetriebene Gefühle wieder erleben zu können, ist das Ziel der von Reich entwickelten Therapie.

Zum Freud'schen Konstrukt unserer psychischen Struktur, zu Ich, Über-Ich und Es, meint Reich, dass es zu keiner Charakterlehre führen könne, die somatisch begründet sei. Er sieht die Struktur des psychisch erkrankten Menschen in drei übereinander angeordneten Schichten.

Die äussere Schicht entspricht einer der Öffentlichkeit gezeigten Maske, möglichst freundlich, höflich und gesellschaftskonform.

In der mittleren Schicht, herrschen negative Gefühle vor wie Angst, Wut, Hass, Ekel und abartige Triebregungen.

Unter diesen zwei Schichten steckt der Kern, unsere natürliche Veranlagung – eine einfache, offen agierende Haltung mit natürlichen Bedürfnissen.

In seinen Büchern «Charakteranalyse» und «Die Funktion des Orgasmus» beschreibt Reich Theorie und Technik der Vegetotherapie. Er geht davon aus, dass chronische muskuläre Verspannungen nicht nur eine Begleiterscheinung psychischer Probleme sind, sondern die körperliche Seite der Verdrängung. Die chronisch verspannte Muskulatur trägt einen wesentlichen Teil zur Fixierung von psychischen Störungen bei. Diese muskulären Verspannungen zu lösen bietet die Möglichkeit, unmittelbar zu psychischen Problemen durchzudringen – ohne langwierige Umwege unsicherer Analysen. Reich meint:

Jede muskuläre Verkrampfung enthält die Geschichte und den Sinn ihrer Entstehung.
(Die Funktion des Orgasmus/Die Entdeckung des Orgons/ KiWi Verlag 122/S. 227)

Nun war Reich zwar nicht der Erste, der bioelektrische Spannungen mass, jedoch der Erste, der sie therapeutisch nutzte. Er schreibt:

Der Begriff der sexuellen Potenz hat ohne Einbeziehung des energetischen, ökonomischen und erlebnismässigen Anteils keinen Sinn. Die erektive und die ejakulative Potenz sind bloss unerlässliche Vorbedingungen für die orgastische Potenz. Sie ist die Fähigkeit zur Hingabe an das Strömen der biologischen Energie ohne jede Hemmung, die Fähigkeit zur Entladung der hochgestauten sexuellen Erregung durch unwillkürliche lustvolle Körperzuckungen.

(Die Funktion des Orgasmus/Die Entdeckung des Orgons
KiWi Verlag122/S. 81)

Und:

Ein solcher energetischer Standpunkt würde uns endlich in die Lage versetzen, mit der «menschlichen Natur» ebenso umzugehen wie mit der gesamten übrigen Natur: nicht mittels komplizierter Gedankenkonstrukte, sondern mittels einfacher Energiefunktionen.

(Wilhelm Reich/Charakteranalyse/KiWi Verlag 191/S. 622)

Chemisches und bioelektrisches Geschehen in lebenden Zellen und Körpern bedingen sich zwar, jedoch ist das energetische Geschehen leichter und ohne grosse zeitliche Verzögerungen erfassbar.

Wenn Kinder Angst haben, reduzieren sie ihre Atmung. Sie verspannen dazu ganze Muskelgruppen und bewirken damit eine Reduzierung der Sauerstoffzufuhr, was ihre Angst herabsetzt. Ist ein Kind häufig verängstigt, führt dies zu chronischen Verspannungen, die seine körperliche und geistige Vitalität einschränken.

In der Vegetotherapie wird versucht, diese chronischen Verspannungen, deren sich der Klient oft nicht bewusst ist, zu zersetzen. Dazu hat er sich dieser zuerst bewusst zu werden. So wird auf bestimmte Körperzeichen aufmerksam gemacht, wie z. B. auf einen enttäuschten Gesichtsausdruck oder auf verängstigt aufgerissene Augen. Dann wird er aufgefordert, diesen Gesichtsausdruck zu intensivieren und, um seine Gefühle anzuregen, auch mal für kurze Zeit tief und schnell zu atmen. Dadurch können sich die Gefühle einstellen, die seinem Gesichtsausdruck zugrunde liegen. Es kann aber auch durch Einsicht in charakterliche Haltungen eine Lockerung der muskulären Verspannungen erreicht werden. Auch Massagen helfen. Stellen sich dann die bisher verdrängten Emotionen ein, beginnt der Klient möglicherweise zu zittern, zu weinen oder auch wütend zu werden, weil er die alten Zwänge wieder erlebt, gegen die er sich als Kind nicht wehren durfte.

Diese Emotionen müssen unbedingt ausagiert werden, damit sich ein Therapieerfolg einstellt. Der Klient soll also auch laut brüllen und toben dürfen, wobei man ihn zur Abfuhr seiner Wut mit Vorteil auf ein Kissen einschlagen lässt.

Werden muskuläre und charakterliche Verhärtungen zersetzt, wird man sich gegebenenfalls an die Erlebnisse erinnern, die diese verursachten. Allerdings sind Erinnerungen zur Heilung nicht zwingend notwendig. Entscheidend ist, die verdrängten Gefühle zuzulassen und sie auszuagieren.

Die Orte der Nervenaustritte aus der Wirbelsäule und die damit verbundenen Ganglien, die z. B. Organtätigkeiten regulieren, sind segmentär angeordnet. Diese Segmente sind Orte basaler Gefühle. An diesen Stellen, anscheinend auch schon durch die alten Inder als bedeutend erkannt, befinden sich die Chakren des Yoga. Ausdrücke wie «er hat ein grosses Herz», «ihm sitzt die Angst im Nacken» oder «ich habe eine Wut im Bauch» beschreiben und lokalisieren diese in den Segmenten em-

pfundenen Emotionen. In der Charakteranalytischen Vegetotherapie werden Verspannungen mehr oder weniger in der
Reihenfolge dieser Segmente zersetzt.

Das Ziel der Vegetotherapie ist es, vegetative Strömungen und
die zugehörigen Gefühle wieder zuzulassen. Emotionen sollen
wieder intensiver, aber auch körperlich sichtbar erlebt werden,
wie etwa auch Schütteln beim Lachen oder Schluchzen –
Gefühlsäusserungen, die bei zivilisierten Erwachsenen kaum
mehr zu beobachten sind.

Der umfassendste Reflex ist der Orgasmusreflex. Er läuft in
wellenförmigen Bewegungen ab, wobei sich das Becken nicht
mit Bauch und Oberschenkeln als steifes Ganzes bewegt. Die
Vegetotherapie richtet grosse Aufmerksamkeit darauf, diesen
Reflex zu wecken, sodass beim Vollzug des Geschlechtsaktes
die Energie frei strömen und sich in lustvollen Körperzuckungen entladen kann. Reich meint:

*Der Faktor, der die menschliche Struktur vom «kranken» in
den «gesunden» Zustand verwandelt, ist die emotionelle,
bioenergetische Koordination. Der Orgasmusreflex ist bloss
der auffälligste Indikator dafür, dass eine solche Koordination gelungen ist.*

(Wilhelm Reich/Charakteranalyse/KiWi Verlag 191/S. 580–581)

Es spricht einiges dafür, dass der Heilungsprozess in zwei
Phasen verläuft. Zuerst sind die Panzerungen aufzubrechen, bis
der Orgasmusreflex durch die befreite Libido ausgelöst wird.
Darauf beginnt eine jahrelange Zeit der Rekonvaleszenz, die
Zeit des Thyrsos oder der Kundalini, was beides dasselbe
symbolisiert. Die Libido-Energie beginnt, Körper und Hirn
umzustrukturieren, also die durch die vormaligen chronischen
Verspannungen verursachten Schäden in Körper und Hirn zu
heilen. Dieser Prozess ist sehr belastend und gefährlich,

besonders für das Gehirn – wohl eine Erklärung dafür, dass Nietzsche und andere Dichter letztlich dem Wahnsinn verfielen.

Ich selbst fand vor allem über zugelassene Ängste, denen ich willentlich nachgab, Zugang zu muskulären Blockaden und den sie bedingenden Verdrängungen. Ich bin also einer, der auszog das Fürchten zu lernen. Die zugelassenen Ängste gaben den Energien den Weg frei, worauf meist unwillkürliche Bewegungen und eine vertiefte Atmung folgten.

3

Nach Wilhelm Reich hat die «Aufrollarbeit» der Verspannungen bei der Gesichtsmuskulatur zu beginnen. Das tat Franz Kafka!

Merkwürdig, dass aus Komödie bei genügender Systematik Wirklichkeit werden kann. Mein geistiger Niedergang begann mit kindischem, allerdings kindisch-bewusstem Spiel. Ich liess zum Beispiel Gesichtsmuskeln künstlich zusammenzucken, ich ging mit hinter dem Kopf gekreuzten Armen über den Graben. Kindlich-widerliches, aber erfolgreiches Spiel. ... Wenn es möglich ist, auf diese Weise das Unglück herbeizuzwingen, sollte alles herbeizwingbar sein. Ich kann, so sehr mich die Entwicklung zu widerlegen scheint und so sehr es überhaupt meinem Wesen widerspricht, so zu denken, auf keine Weise zugeben, dass die ersten Anfänge meines Unglücks innerlich notwendig waren, sie mögen Notwendigkeit gehabt haben, aber nicht innerliche, sie kamen angeflogen wie Fliegen und wären so leicht wie sie zu vertreiben gewesen.

(Kafkas Tagebucheintrag vom 24. Januar 1922)

Diesen Eintrag habe ich bis heute kaum und wenn, dann nicht sehr glaubwürdig, erklärt gefunden. Falsche Interpretationen erkennt man allerdings leicht daran, dass offensichtlich Zugehöriges, jedoch mit der jeweiligen Interpretation Unvereinbares, aber auch Unverstandenes, bedenkenlos ausgeblendet wird.

Die postmoderne Literaturwissenschaft leistet dem Vorschub, vertritt sie doch die Position, dass nicht verlässlich ausgemacht werden kann, was der Autor meint. Dies unter anderem deshalb, weil schon jedes Wort eine mehrfache Bedeutung hat. Gewicht erhält dann, was der Leser in einem Werk erblickt! Man gibt seiner Meinung auch deshalb den Vorrang, weil sowieso nur konstruierte Narrative existieren sollen und die Realität uns nicht greifbar ist; oder ins Extrem zugespitzt, es gar keine Natur geben soll, sondern nur Erzählungen davon. Demzufolge soll es dann einzig ein relatives Verständnis geben. Zur Begründung wird auch mal die Einstein'sche Relativitätstheorie erwähnt. Nun gelten da allerdings strenge physikalische Gesetze – die Konstante der Lichtgeschwindigkeit, wie auch, dass Raum, Zeit und Geschwindigkeit von Körpern in gegenseitiger berechenbarer Abhängigkeit sind. In der Literaturwissenschaft erspart man sich jedoch die Mühe mit derart quer liegenden Gesetzmässigkeiten. So darf jeder interpretieren, wie und was immer er will. Damit lassen sich zwar keine interstellaren Reisen bewältigen, aber man gibt sich liberale, demokratische Freiheiten und erspart sich die Mühe, Beweise erbringen zu müssen, die sich auf verifizierte Gegebenheiten stützen. Dies führt dann auch mal zu Behauptungen des puren Gegenteils von dem, was Dichter uns mitzuteilen versuchen. Unverständnis ist offensichtlich der Werkstoff fürs Fundament dieser Wissenschaft!

Eine diese Wissenschaft auch nicht fördernde Folge davon ist, dass nun jedem gestattet ist auszublenden, was immer seiner Sicht entgegenspricht, oder er nicht versteht. So darf selbst mit Aussagen verfahren werden, die in demselben Absatz stehen, womit der Autor doch auf eine Wechselbeziehung hinweist.

Dies zu zeigen liefert uns der anerkannte Kafka-Kenner und Biograf Klaus Wagenbach ein Beispiel. Obiges Zitat aus Kafkas Tagebuch, man weiss ja um sein Elend, seine Klagen sind nicht überhört, und sagt er doch unmissverständlich: «... Wenn es möglich ist, auf diese Weise das Unglück herbeizuzwingen ...», lässt doch andere Schlüsse ziehen, als dies Wagenbach tut:

Harmlos und kindlich in der Tat im Vergleich etwa zu den jugendlichen Eskapaden Rilkes, der mit weissen Hand-schuhen, Spazierstock und Lorgnon (oder im Habit eines Abbés), in der Hand eine langstielige Iris, feierlich schreitend auf dem gleichen eleganten Prager Graben zu flanieren pflegte.

(Kafka/Klaus Wagenbach/rororo 91/S. 34)

So wird Kafkas Niedergang, die bittere Wende in seinem Leben, und dass er über den Graben schritt – ein Bild dafür, dass er eine persönliche Veränderung bewirkte, mit einem Spazier-gang Rilkes verglichen, der als Maskerade gewagter gewesen sein soll. Dass Brücken oft gleichnishaft als einschneidende Lebensübergänge gemeint sind, wie hier der Gang über den Graben, wird weiter unten noch gezeigt. Ausserdem weist doch auch der erwähnte Niedergang auf eine einschneidende Ver-änderung hin!

Wagenbach verliert jedoch kein Wort dazu. Übergangen werden sollte auch nicht, dass Kafka sich mit bewusstem Spiel ins Unglück brachte – unzweideutig die Folge seiner Mani-pulationen –, dass er unter anderem seine Gesichtsmuskeln künstlich zusammenzucken liess. Und was meint Kafka damit, dass auf diese Weise das Unglück herbeigezwungen werden kann? Darf auch das ausgeblendet werden? Nun ja, die Post-moderne erlaubt es!

Die Psychologie, die erklärt und praktiziert, wie auf diese Weise das Unglück herbeigezwungen werden kann, zumindest bis eine Heilung erreicht wird, ist Wilhelm Reichs Vegetotherapie. Er sagt, dass eine wirklich grundlegende Veränderung nur dann eintritt, wenn zuerst die von den Verspannungen der Gesichts-muskulatur unterdrückten Emotionen freigesetzt werden:

Der verkrampfte Muskelkomplex enthüllt erst dann seine Funktion, wenn die Aufrollungsarbeit ihn in «logischer

Weise» erreicht hat. Man wird vergebens versuchen, etwa eine Bauchspannung gleich im Anfang zu zersetzen. Die Auflösung der muskulären Verkrampfung folgt einem Gesetz, zu dessen Erfassung noch nicht alle Voraussetzungen vorliegen. Soweit man sich nach den bisherigen Erfahrungen ein Urteil erlauben darf, beginnt die Lösung der muskulären Panzerung gewöhnlich an den Stellen, die von der genitalen Apparatur am weitesten entfernt sind, meist am Kopf.

(Wilhelm Reich/Funktion des Orgasmus/KiWi Verlag/S. 228)

Der Vegetotherapeut wird demnach so vorgehen, dass er zuerst Verspannungen im Gesicht des Klienten ausmacht und ihm darauf diese bewusst zu machen versucht. Er wird ihn auffordern, diese Verspannungen zu übertreiben, also z. B. die Augen schreckhaft aufzureissen, zu rollen und wie Kafka Gesichtsmuskeln willentlich zucken zu lassen. Dadurch können die Gefühle zutage treten, die durch die Maske gebunden waren. Der Anfang eines Niedergangs in die verdrängten Schrecken der Kindheit! Reich meint, dass jede muskuläre Verkrampfung die Geschichte und den Sinn ihrer Entstehung enthält.

Die Möglichkeit, durch Manipulationen der Gesichtsmuskulatur Gefühle zu wecken, die den Gesichtsausdrücken entsprechen, wiesen Studien von Paul Ekman nach, ein Psychologe und Experte für nonverbale Kommunikation. Dazu meint der Neurologe Antonio R. Damasio:

Er forderte Versuchspersonen auf, bestimmte Gesichtsmuskeln in einer bestimmten Reihenfolge zu bewegen, und zwar so, dass ihre Miene ohne ihr Wissen Glück, Traurigkeit oder Furcht zum Ausdruck brachte. Die Versuchspersonen wussten nicht, welcher Ausdruck sich auf ihren Gesichtern abzeichnete. In ihrem Bewusstsein gab es zu diesem Zeitpunkt keinen Gedanken, der in der Lage gewesen wäre, die dargestellte Emotion hervorzurufen. Und doch stellte sich bei den Versuchspersonen das Gefühl ein, das der gezeigten Emotion entsprach. ... Ein psychologisch unmotivierter und «gespielter» emotionaler Ausdruck ist in der Lage, ein Gefühl hervorzurufen.

(Antonio R. Damasio/Der Spinoza-Effekt/List 60494/S. 88–89)

Trotz meist nichtssagender oder falscher Auslegungen von Kafka-Interpreten tat ich mich schwer damit, wörtlich zu zitieren und Namen zu nennen, entschied mich schliesslich aber dafür, weil mir mehrere Bücher, wie das sogleich besprochene von Dr. Elisabeth Lack, anstelle von Argumenten entgegengehalten wurden. Damit wollte man mir klarmachen, dass verschiedene, eben relativ viele Interpretationen möglich sind. Jedoch bin ich der Ansicht, dass die meisten Interpreten die tiefen Einblicke der Dichter in unsere schweren, psychischen Verletzungen nicht sehen, und somit auch nicht ihre Lehren, die uns zeigen, wie unsere Leiden kuriert werden könnten.

Dichter oder Künstler werden aus Unverständnis oft von Natur aus als sensibler und verletzlicher denn gewöhnliche Menschen verstanden. Sie sind es jedoch nur, weil sie sich ihren Verletzungen stellen, die auch die unseren sind. Sie gingen oder gehen also Wege, die alle gehen könnten!

Wilhelm Reich schuf das psychologische Fundament, setzte die ersten Steine zum Verständnis des hier besprochenen Prozesses. Aber seiner persönlichen Verfolgung folgt heute leider, dass seine Arbeiten, wie auch die seiner Nachfolger, von der Geisteswissenschaft mehrheitlich übergangen, verschwiegen oder verleumdet werden. Vor allem finden seine Arbeiten keinen Eingang in die Literaturinterpretationen. Dabei hat Reichs Psychologie verifizierte Resultate vorzuweisen – wie den Orgasmusreflex, und infolge fortschreitender Therapie nachweisbar erhöhte Bioenergien, die teils heftige unwillkürliche Bewegungen auslösen, die in der hier besprochenen Literatur auch immer wieder erwähnt werden.

Aber Dr. Elisabeth Lack meint in ihrer Dissertation «Kafkas bewegte Körper» zu den von Kafka beschriebenen Bewegungen:

In Kafkas Texten gibt es keine Festlegungen des Körpers, keine Kartographien, keinen gestischen Code als ein entzifferbares Verweissystem. Die Körperbewegungen sind essentiell mehrdeutig und erschweren als solche Kommunikation eher, als sie zu befördern. In «Ein altes Blatt» wird dieses ins Leerlaufen der Gesten am extremen Beispiel der in die Hauptstadt eingedrungenen Nomaden zugespitzt.

(Kafkas bewegte Körper/Dr. Elisabeth Lack/Wilhelm Fink Verlag/S. 18)

Der von Dr. Lack zitierte Abschnitt aus «Ein altes Blatt» lautet:

Oft machen sie Grimassen; dann dreht sich das Weiss ihrer Augen und Schaum schwillt aus ihrem Munde, doch wollen sie damit weder etwas sagen noch erschrecken; sie tun es, weil es so ihre Art ist.

(Kafkas bewegte Körper/Dr. Elisabeth Lack/Wilhelm Fink Verlag, S. 18)

Nun liess Kafka doch seine Gesichtsmuskeln willentlich zucken – schnitt also Grimassen, rollte höchstwahrscheinlich auch seine Augen, riss sie wie in grosser Angst weit auf, liess seine Lippen zittern und zucken und geiferte vielleicht sogar dabei. Daher endet diese Geschichte mit den in der Stadt lagernden, den Städtern auf der Pelle liegenden Nomaden übereinstimmend mit Kafkas Niedergang, sodass der Erzähler, ein Städter, zuletzt bemerkte:

... und wir gehen daran zugrunde.

(Franz Kafka/Erzählungen/Ein altes Blatt/Fischer 90371/S. 281)

Also kein Leerlaufen der Gesten, sondern wie bei Reichs Klienten eine Initiation des Prozesses, herbeigeführt dadurch, dass Kafka unter anderem seine Gesichtsmuskeln bewusst zusammenzucken liess. Schaut man bei Wilhelm Reich nach, findet sich also ein gestischer Code als ein entzifferbares Verweissystem, einfacher gesagt: eine Erklärung.

Das Leben in der Stadt verlangt von uns mehr Kompromisse als das Nomadenleben unserer Urväter. Zwar galten da oft schon rigide Regeln, das soziale Gefüge der Nomaden war jedoch noch lockerer. Als Menschen ansässig wurden und Städte gründeten, hatten sie sich zwecks eines friedlichen Zusammenlebens unter enger gewordenen Verhältnissen mehr und mehr Gesetze zu geben. Gute Miene zu immer böserem Spiel zu machen wurde immer aufwändiger und die Masken sassen bald fester. Chronische Verspannungen verhärteten sich zunehmend. Um uns davon zu befreien, um zur alten Freiheit zurückzufinden, nach Kafka zum Nomaden in uns, müssen wir unterdrückte Gefühle entbinden. Dies zu erreichen, rollt der Nomade in uns seine Augen und schneidet Grimassen – wie wir es doch morgens ansatzweise auch mal vor dem Spiegel tun, wenn wir mit verspannten Gesichtern erwachten und uns für einen Stadtgang bereit machen. Spüren wir dabei Gefühlen nach, den Ursachen dieser Verspannungen, können verdrängte Ängste ins Bewusstsein gelangen. Damit fortgefahren können sich diverse unwillkürliche Bewegungen einstellen, wonach dann durchaus noch mehr bewegte Körper Kafkas verstanden werden. Die von ihm beschriebenen bewegten Körper fördern also das Verständnis eher, als dass sie es erschweren; selbstverständlich vorausgesetzt, dass nicht einzig die von ihm als lächerlich befundene Psychoanalyse als Verweissystem dient.

Dass Kafka seinen Niedergang, also seinen Prozess, durch Manipulationen bewusst initiierte ist bahnbrechend!

Die ersten Grundzüge unserer Masken werden schon in frühster Kindheit skizziert, lange bevor wir irgendwelche eigenen Entscheidungen treffen können. Bestenfalls wird es eine freundlich besonnene Maske werden, mit dem wertvollen, obwohl etwas durchsichtigen Vermögen, bei Bedarf sofort ein Lächeln aufsetzen zu können – das dann leider meist erlischt, sobald es nicht mehr dient. Darunter wird man auf Angst, Wut, Hass, perverse Gelüste und Melancholie stossen, als Folge davon, dass uns unsere Natur verwehrt wird. Wir sind von unserem Kern abgeschnitten, von einer verzaubernden Welt, in die uns, wenn überhaupt, während unseres Lebens meist nur wenige Momente Einblick gewährt ist!

Die Vegetotherapie greift da ein, wo Verdrängtes gebunden ist, bei chronischen muskulären Verspannungen. Diese gilt es aufzuspüren, um zu blockierten Gefühlen durchzudringen. Die Lockerung dieser Verspannungen setzt vegetative Energie frei, was oft heftige, unwillkürliche Bewegungen zur Folge hat. Wie wir sehen werden, spricht sogar die christliche Mystikerin Teresa von Ávila in «Die innere Burg» davon, wie Mitnonnen diese unwillkürlichen Bewegungen auf ihrem Weg zur «Gnade» erlebten.

Ein Ziel der Vegetotherapie ist, den Orgasmus vollumfänglich zu erleben. Dazu sind die zugehörigen, unwillkürlichen Bewegungen zu befreien. Nur so kann eine völlige Entspannung erreicht und sämtliche Libido-Energie abgeführt werden, ohne dass sie frustrierend zurückgestaut bleibt. Ein voll erlebter Orgasmus bezieht den ganzen Menschen mit ein, was durch jede Neurose mehr oder weniger verhindert wird. Der Orgasmusreflex kann also durchaus als Massstab für unsere psychische Gesundheit herbeigezogen werden. Wir sind als Ganzes zu begreifen, und ist auch nur ein einzelnes Rad im Räderwerk defekt, was könnte dann noch fehlerlos funktionieren? Bestimmt auch nicht Denken und Handeln, wie uns Nietzsche weiter unten noch zu verstehen gibt. Erst eine befreite Libido, dank befreiten Reflexen, ermöglicht gesundes Denken und Handeln. Nur das wird uns von Vorurteilen und bewussten oder auch unbewussten perversen Wünschen befreien.

Da der Prozess kaum anders beginnen wird, als dass wir uns erst die Masken vom Gesicht reissen, finden wir auch bei R. M. Rilke in «Die Aufzeichnungen des Malte Laurids Brigge» schon auf der dritten Textseite Aufschlussreiches über Gesichter vermerkt. Da meint der Protagonist Malte sehen zu lernen und sieht, dass es eine Menge Menschen gibt, aber noch viel mehr Gesichter verschiedenster Art und verschieden getragen. Einfachen Leuten soll eines für ihr ganzes Leben reichen, andere wechseln sie häufiger und teils geschwind. Und eine Frau erschrak – hob sich aus sich ab, zu schnell, zu heftig, sodass ihr Gesicht in ihren Händen zurückblieb. Eine hohle Form – eine Maske also, wovor sich der Protagonist graute, sie von innen zu erblicken. Noch mehr fürchtete er, den gesichtslosen Kopf wahrzunehmen. Es ist nun offensichtlich, dass es sich nicht um ein blutig abgerissenes Gesicht handeln kann. Man kann sich ein Gesicht nicht in dieser Weise wegreissen. Rilke spricht von Masken, von aufgesetzten Gesichtern. Das Grauen wird auch nicht einem blutigen, gesichtslosen Kopf gelten, sondern dem, was unter der Maske steckt.

4

Rilkes Kaninchen und der Orgasmusreflex. Die Kung-San und der Anthropologe Richard Katz.

So wie du warst, auf das Zeigen angelegt, ein zeitlos tragischer Dichter, musstest du dieses Kapillare mit einem Schlag umsetzen in die überzeugendsten Gebärden, in die vorhandensten Dinge. Da gingst du an die beispiellose Gewalttat deines Werkes, das immer ungeduldiger, immer verzweifelter unter dem Sichtbaren nach den Äquivalenten suchte für das innen Geschehene. Da war ein Kaninchen, ein Bodenraum, ein Saal. In dem einer auf und nieder geht: da war ein Glasklirren im Nebenzimmer, ein Brand vor den Fenstern, da war die Sonne. Da war eine Kirche und ein Felsental, das einer Kirche glich. Aber das reichte nicht aus; schliesslich mussten die Türme herein und die ganzen Gebirge, und die Lawinen, die die Landschaften begraben, verschütteten die mit Greifbarem überladene Bühne um des Unfasslichen willen.

(Rilke/Die Aufzeichnungen des Malte Laurids Brigge/dtv 2619/S. 78)

Rilke gibt uns hier einen wertvollen Tipp, wie Erzählungen des grossen Dichters, oder von grossen Dichtern, zu verstehen sind. Man wird sich also, wenn äussere Geschehnisse erzählt werden, die Frage stellen müssen, ob damit vielleicht unfassliche innere Erlebnisse gemeint sind.

Leicht fasslich ist uns das bestimmt nicht zufällig an erster Stelle erwähnte Beispiel – ein Kaninchen! Jeder weiss von Kaninchen – sie werden mit der auch uns beliebten, häufig

besprochenen und besungenen Tätigkeit in Verbindung gebracht. Sie rammeln gern und häufig. Und wer stellt sich nicht
ihren Zweitakt vor, den Rilke folgendermassen beschreibt:

*... und das Nachgeben hatte in den besessenen Muskeln
einen leisen, lockenden Reiz zurückgelassen und den
zwingenden Zweitakt ... und es brach aus ihm aus wie eine
Naturkraft und bog ihn vor und riss ihn zurück und liess ihn
nicken und neigen und schleuderte Tanzkraft aus ihm heraus
unter die Menge.*

(Rainer Maria Rilke/Die Aufzeichnungen des Malte Laurids Brigge
dtv 2619/S. 68)

Ein zwingender Zweitakt, der nach vorne biegt und zurückkreisst
– der aber, was nicht überlesen werden sollte, auch eine Art
Tanz ist – und verursacht durch eine Naturkraft! Das kann nur
der von Wilhelm Reich so benannte Orgasmusreflex sein.
Vielleicht werden ja Rilkes Zeilen nur dem verständlich, den es
auch im Zweitakt vorbog und zurückriss. Anderseits dürfte dies
bei vorurteilsfreiem Denken auch Denkern einleuchten, vor
allem, wenn sie sich gewisse Tänze vor Augen rufen. Man wird
sich dann kaum mehr vorstellen, dass Rilke von einem
beobachteten Epilepsieanfall erzählt, wie auch interpretiert
wird. Hätte er dann taktlos von einem Tanz gesprochen? Bekannt ist ausserdem, dass Epileptiker dabei meist hinfallen und
zappelnd auf dem Boden liegen bleiben. Sie werden also kaum,
der Literaturwissenschaft gefällig, sich erheben, um ihr einen
Epilepsieanfall vorzutanzen.

Aber unsere Zivilisierung verlangt uns heute derart viel ab, dass
uns der Zugang zu diesen Energien mehrheitlich versperrt ist.
Darum ist es aufschlussreich, sich in ursprünglichen Kulturen
umzusehen, ist doch zu erwarten, dass Naturvölker sich weniger
entfremdet sind. In «Forschungen eines Hundes» von Franz
Kafka kommt am Ende der Fabel ein Hund vor, offensichtlich

noch unverbildet, der von sich sagt, er sei Jäger. Vielleicht sollten wir uns mal bei Jägern und Sammlern umsehen.

Im Buch «Kundalini-Erfahrung und die neuen Wissenschaften» von Lee Sannella gibt es einen interessanten Bericht über das Volk der (Kung) San. Die San leben (und besaufen sich heute oft als Folge der Bereicherung durch unsere Zivilisation) in der unwirtlichen Kalahari-Wüste, nordwestlich von Botswana. Einige wenige der Pygmäen leben heute allerdings wieder in den Wäldern des Nyae-Nyae-Reservats. In Sannellas Buch ist zu lesen:

Der amerikanische Anthropologe Richard Katz (1973) hat uns einen sehr interessanten Bericht über die mystischen Praktiken dieses Volkes geliefert. Er beschreibt, dass die Kung viele Stunden lang tanzen, um N/UM aufzuheizen und dadurch den Kia-Zustand zu erreichen. N/UM entspricht nach Katz der Kundalini ... Ein Kung, der in die Geheimnisse von N/UM eingeweiht worden ist, lernt diese Kraft zu wecken und die unvermeidliche Furcht zu bezwingen, die er angesichts der ungeheuer starken inneren Kraft erfährt, welche sein Selbstgefühl zu verfinstern droht. ... Wird die Kraft erwärmt, so steigt sie von der Wirbelsäule zum Schädeldach auf ... Katz gibt den Bericht eines Stammesangehörigen wieder: Du tanzt, tanzt, tanzt und tanzt. N/UM hebt dich in deinen Bauch und hebt dich in deinen Rücken, und dann fängst du an zu beben. N/UM lässt dich zittern; es ist heiss ... Dann dringt N/UM in alle Teile deines Körpers ein, bis zu den Zehenspitzen, sogar bis in die Haare ... Über die Hälfte der Mitglieder des Kungstammes vermag in den Kia-Zustand einzutreten ...

(Lee Sannella/Kundalini-Erfahrung und die neuen Wissenschaften Synthesis Verlag/S. 34–35)

Und in ihrem Buch «Nisa erzählt» schreibt die amerikanische Ethnologin Marjorie Shostak:

Wenn Frauen in Trance fallen, zeigt sich das etwas anders als bei den Männern. Die Frau steht auf der Stelle, während ihr Körper von Kopf bis Fuss in heftige Schwingungen gerät – insbesondere in der unteren Körperhälfte. Erfahrene Frauen können diese Bewegung lange Zeit aufrechterhalten; weniger erfahrene werden oft überwältigt, fürchten sich und setzen sich auf den Boden, um sich zu beruhigen.

(Marjorie Shostak/Nisa erzählt/rororo 23050/S. 269)

Nisa erzählte ebenfalls, dass beinahe die Hälfte der Sippe den Fluss dieser Energie kannte – und alle sie wecken konnten, die bereit waren, die Mühen und Ängste in Kauf zu nehmen. Das Schwingen der Frauen erinnert zudem an den Orgasmus-reflex. Es dürfte also klar sein, dass die den Rücken hochfliessende und sich im Körper ausbreitende Energie und der Orgasmus-reflex untrennbar sind. Die Bioenergie verursacht den Reflex. Daher werden diese beiden Erfahrungen der Initiation in der Literatur zeitlich jeweils gleichzeitig oder sich kurz folgend erlebt und entsprechend erzählt.

5

Bioelektrizität, die sich anfühlt wie ein innerer Sturm und Nietzsches heilender Brausewind. Blitze, die ihm der Übermensch sind. Rilke lernt sich fürchten mit der wirklichen Furcht.

Es war der Instinkt, der mich vielleicht gerade um der Wissenschaft willen, aber einer anderen Wissenschaft als sie heute geübt wird, einer allerletzten Wissenschaft, die Freiheit höher schätzen liess als alles andere.

(Franz Kafka/Forschungen eines Hundes/Fischer Klassik 90371 S. 414–415)

Dass Kafka hier nicht von einer exakten Wissenschaft spricht, ist wohl klar. Ein Apfel fällt uns aus derselben Höhe, ausserhalb oder gefangen hinter Mauern und Stacheldraht, mit derselben Geschwindigkeit auf den Kopf. Von welcher anderen Wissenschaft spricht er also? Ohne Zweifel ist eine Psychologie gemeint, und nach bisher Gesagtem zu folgern eine anders geartete als die von ihm als lächerlich bezeichnete Psychoanalyse.

Der wesentliche Unterschied der von Kafka angesprochenen allerletzten Wissenschaft zur Psychoanalyse ist, dass diese allerletzte Wissenschaft ein psychosomatischer, energetischer Prozess ist. Kafka war sich des grossen Unterschiedes zwischen diesem Prozess und der Psychoanalyse durchaus bewusst!

Der hier behandelte energetische Prozess ist jedoch nur wenigen psychologischen Schulen bekannt. Aus diesem Verdacht heraus fragte ich mehrere Psychotiker nach ihren Erfahrungen mit Psychologen und Psychiatern – ob sie jemals danach gefragt wurden, in Kliniken oder in persönlicher Behandlung, eine

Psychose wie einen inneren Sturm erlebt zu haben. Und auch, ob sie von einem sich elektrisch anfühlenden Strom durchflossen wurden. Mehrere der Befragten erlebten es, verneinten aber ausnahmslos, mit ihren Therapeuten darüber gesprochen zu haben. Und dies, obwohl auch Freud in jungen Jahren die Libido energetisch verstand. Selbst mit einem an Schizophrenie Erkrankten, der sich während seiner Psychosen von versteckten Sendern bestrahlt, elektrisiert und manipuliert fühlte, wurde nie über körpereigene Energien gesprochen. Es wurde ihm einzig als Wahn ausgelegt, den es als solchen zu erkennen galt. Bestimmt hätte es ihm Erleichterung verschafft zu wissen, dass diese Ströme in ihm sind und sie etwas Gesundes an sich haben. Daraufhin hätte er vielleicht nicht Selbstmord begangen. Auch traf ich öfters eine Frau, deren Klagen sich jämmerlich anhörten. Sie sagte mir, dass sie Ursache und Beginn ihres psychischen Zusammenbruchs, mit darauf folgender Einweisung in eine psychiatrische Klinik, in einem sich elektrisch anfühlenden Schlag durch den ganzen Körper sieht. Verständlich machen uns dies die folgenden Zitate von Nietzsche:

Wo ist doch der Blitz, der euch mit seiner Zunge lecke? Wo ist der Wahnsinn, mit dem ihr geimpft werden müsstet?

(Friedrich Nietzsche/Also sprach Zarathustra/dtv 30154/S. 16)

Meint Nietzsche damit, was dieser Frau widerfuhr?

Und er fährt fort:

Seht, ich lehre euch den Übermenschen: der ist dieser Blitz, der ist dieser Wahnsinn!

(Friedrich Nietzsche/Also sprach Zarathustra/dtv 30154/S. 16)

Und:

....: dieser Blitz aber heisst Übermensch.

(Friedrich Nietzsche/Also sprach Zarathustra/dtv 30154/S. 18)

Damit haben wir schon mal die Fährte davon aufgenommen, was Nietzsche mit seinem Übermenschen meint! Von einem Übermenschen spricht übrigens schon Goethe im Faust I (Zeile 490):

Welch erbärmlich Grauen fasst Übermenschen dich!

Auch E.T.A. Hoffmann wusste von diesen Blitzen:

Durch alle Glieder fuhr es ihm wie ein elektrischer Schlag, er erbebte im Innersten.

(E.T.A. Hoffmann/Der goldne Topf/Reclam 101/S. 11)

Diese Blitze erlebte ich während Wochen. Sie fühlen sich tatsächlich an wie elektrische Schläge, von Fuss bis Kopf. Erstmals widerfuhr es mir, als ich entspannt am Einschlafen war. Später konnte ich sie willentlich hervorrufen, indem ich Füsse und Unterschenkel beruhigte und einer darin steckenden Angst nachspürte, ähnlich einer durch Höhenangst verursachten Lähmung.

Diese Energie kann aber auch länger andauern, den ganzen Körper durchströmen; ein Gefühl, als ob man an einem elektrischen Strom angeschlossen sei. Davon schreibt Henry Miller:

Ich wurde so elektrifiziert, dass ich mich nicht zu bewegen wagte aus Furcht, ich würde wie ein Bulle losbrechen und eine Häuserwand hochklettern oder tanzen und schreien.

(Henry Miller/Wendekreis des Steinbocks/Rowohlt/ Buch-Nr. 8060` 1080/S. 188)

In dem hier besprochenen Prozess geht es darum, ein nie entwickeltes, durch die Zivilisierung unterdrücktes energetisches Potential zu entfalten. Dies ist weder das Ziel der Psychoanalyse, der Verhaltenstherapie oder der Tiefenpsychologie. Zwar beeinflussen diese Therapien eingespielte neuronale Netzwerke teil positiv, Klienten überwinden z. B. leichte

Depressionen oder Phobien. Aber wovon die hier zitierten Dichter schreiben, bewegt sich auf einer anderen Ebene. Es handelt sich darum, sich ein hinreissendes, durch unsere Zivilisierung verlorenes Erbe zurückzugewinnen. Und erst wenn dieses Erbe, unser ganzes energetisches Potential, zurückgewonnen ist, kann von wirklicher Heilung gesprochen werden. Jeder andere Erfolg ist für Leidende zwar begrüssenswert, bezieht aber nur einen Teil des ganzen Menschen mit ein, greift nicht in die Tiefe. Dieser Erfolg kann also durchaus als eine sich positiv auswirkende Hirnwäsche bezeichnet werden. Man bringt damit zwar Symptome zum Verschwinden, heilt aber nicht deren Ursache, den Verlust unseres Potentials. Und da selbst in der Tiefenpsychologie energetische Erlebnisse und diesbezügliche Messungen nicht erwähnt sind, vermute ich, dass auch sie nur sehr beschränkt Tiefes aufrührt. Dies ist allerdings nicht unbedingt anzuraten, verlief doch das Leben der meisten der hier besprochenen Dichter nicht sehr glücklich. Aber diese von der Neurologie gerühmten Besserungen bewegen sich bloss im Niederstrombereich! Dabei werden neuronale Netzwerke im Gehirn geändert, das immense Potential unseres Körpers bleibt jedoch verschüttet.

Der österreichische Psychologe und Forscher Gerhard Eggetsberger ist Leiter des IPN Instituts für Biofeedback. Er nahm bei Menschen Messungen vor, die von Kundalini-Erlebnissen berichteten. Dabei stellte er fest, dass bei diesen der Wirbelsäule entlang, an den Orten, wo sich die Nervenaustritte an der Wirbelsäule befinden, in der Regel ein 25–50-fach höheres elektrisches Potential gemessen wird als bei Individuen ohne diese Erfahrungen.

Hörte man Reich zu, der feststellte, dass schon eine kleine Erhöhung der Körperenergie grosse Ängste auslöst, wäre manche diagnostizierte Psychose als dem hier besprochenen

Prozess zugehörig zu erkennen und womöglich heilbar, allerdings mit den ihn begleitenden Leiden, ähnlich denen des Odysseus, der:

... auf dem Meere so viel' unnennbare Leiden erduldet,
Seine Seele zu retten und seiner Freunde Zurückkunft.

(Homer/Odyssee/ Übersetzung Voss/Zeilen 4+5)

Zum Anstieg der Energie äussert sich auch R. M. Rilke, zwar mit anderen Worten als Reich, aber offensichtlich meint er dasselbe:

Aber seitdem habe ich mich fürchten gelernt mit der wirklichen Furcht, die nur zunimmt, wenn die Kraft zunimmt, die sie erzeugt.

(Rainer Maria Rilke/Die Aufzeichnungen des Malte Laurids Brigge dtv 2619/S. 153)

Eine allerletzte Wissenschaft, wie Kafka schreibt! Wir haben es bei den hier besprochenen Dichtern mit der Aktivierung von vordem verhinderten Bioenergien zu tun, mit der Überwindung von Blockaden, die gegen Ängste und Schrecken der Kindheit errichtet werden mussten.

Da diese Prozesse ähnlich verlaufen, kann Rilke zwischen sich und Kafka ein Parallelgehen feststellen. Er meint, dass er nie eine Zeile von Kafka gelesen habe, die ihn nicht auf das Eigentümlichste selbst anging oder erstaunend gewesen wäre.

Und spricht Kafka von seinem Niedergang, so warnt Rilke in einem Brief aus dem Jahr 1912, bezüglich der erzählten Erlebnisse in «Die Aufzeichnungen des Malte Laurids Brigge»:

Ich sehe seit einer Weile ein, dass ich Menschen, die in der Entwicklung ihres Wesens zart und suchend sind, streng davor warnen muss, in den Aufzeichnungen Analogien für das zu finden, was sie durchmachen; wer der Verlockung nachgibt und diesem Buch parallel geht, muss notwendig abwärts kommen; erfreulich wird es wesentlich nur denen werden, die es gewissermassen gegen den Strom zu lesen unternehmen.

Rilke spricht damit der Allgemeinheit unbekannte Erlebnisse an! Redlichkeit ist jedoch kaum zu erwarten. So bringt schon die Erwähnung Reichs im Zusammenhang mit den grossen Dichtern viele Literaturwissenschaftler in Rage, oder ihre Blicke werden kalt – allzu oft auch bei solchen, die in ihrer Jugend seine Psychologie noch verfochten. Leider machen selbst lange Studien und erworbene Titel noch keine Tänzer. So kann, wobei ja kaum alle einst edel waren, noch heute mit Nietzsche erfahren werden:

Ach, ich kannte Edle, die verloren ihre höchste Hoffnung.
Und nun verleumdeten sie alle hohen Hoffnungen.

(Friedrich Nietzsche/Also sprach Zarathustra/dtv 30154/S. 53)

Nietzsche selbst hegte nicht umsonst Hoffnungen, selbst wenn es für ihn letzten Endes schlecht ausging. Und behauptet er mit seinem «Zarathustra» der Welt ein Geschenk gemacht zu haben, ist dem sicher beizustimmen. Ich denke dabei nicht, dass wir allen seinen philosophischen Überlegungen folgen sollen, aber das Wertvolle von «Also sprach Zarathustra» ist, dass darin die Entwicklung seines Prozesses verfolgt werden kann. Eines Tages wird man dies vielleicht zu nutzen wissen.

Der Prozess ist von grossen Gefühlsschwankungen begleitet, die desto weiter ausschlagen, je tiefer man in seine Vergangenheit vordringt. So schreibt Nietzsche in «Die fröhliche Wissenschaft» neben all seinen andernorts erwähnten Leiden auch von hohen Stimmungen, die er während längerer Zeit immer wieder erlebt haben wird:

Hohe Stimmungen. – Mir scheint es, dass die meisten Menschen an hohe Stimmungen überhaupt nicht glauben, es sei denn für Augenblicke, höchstens Viertelstunden, – jene Wenigen ausgenommen, welche eine längere Dauer des hohen Gefühls aus Erfahrung kennen.

(Friedrich Nietzsche/Die fröhliche Wissenschaft
Insel Taschenbuch 2678/S. 178)

Und in «Jenseits von Gut und Böse» lehrt er:

Nicht die Stärke, sondern die Dauer der hohen Empfindungen macht die hohen Menschen.

(Friedrich Nietzsche/Jenseits von Gut und Böse/dtv 30155/S. 62)

Dies führt zur Frage, was mit Erleuchtung oder Erlösung gemeint ist. Meist wird ein kurz andauernder Einbruch von Energie, von vielleicht höchstens zehn bis fünfzehn Minuten, dafür genommen. Er löst heftige, durch den Betroffenen jedoch wegen ihrer Kürze kaum richtig einschätzbare Reaktionen aus. Schopenhauer nannte diese Erlebnisse den Begriff «ozeanisch». Man erlebt sie vielleicht als allumfassende Liebe, als ein unbeschreibliches, alles verbindendes Licht oder auch als ein grenzenlos leuchtendes, alles durchdringendes, wissendes Wesen. Meist erscheint einem, was man gelehrt wurde oder woran man gern glauben möchte. Vielleicht an einen alles durchdringenden Gott, der, hat man den Glauben an ihn verloren, auch zu einem alles durchdringenden Willen werden kann. Aber es kann selbst ein Gott mit Schnauz und Bart sein. Erfährt man diese Einbrüche nur einige wenige Male für nur kurze Zeit, wird man kaum fähig sein, dabei Beobachtungen anzustellen. Man wird überwältigt dazu neigen, Metaphysisches oder Ausserirdisches als Ursache anzunehmen. Diese Erlebnisse werden eine der Ursachen der Gründung unterschiedlichster Religionen sein oder von Bekehrungen wie der von Saulus zu Paulus. Dauern diese Energieflüsse jedoch längere Zeit an, also Tage oder Wochen, verliert sich das Überwältigende. Man lernt sie realistischer einzuschätzen und wird der Möglichkeit gewahr, dass sich dies bloss in einem selbst abspielt. Man wird diesen Erlebnissen dann keine Wünsche oder einen überlieferten Glauben mehr unterschieben wollen. So erhaben es uns vorkommen mag, wunderbar mit dem ganzen Universum verbunden zu sein oder mit einem allmächtigen Gott in Verbindung zu stehen; jedoch mehr als dass diese Erlebnisse uns ganz und gar erfüllt, ist dabei nicht auszumachen. Gespaltenen Wesen wie uns erscheinen diese wundervollen Erfahrungen leicht überirdischen Ursprungs und gern gaukeln wir uns irgendwelche Götter oder eine über den Naturgesetzen stehende Macht als Ursache vor.

Auch Kafka kannte vermutlich länger andauernde hohe Gefühle oder wird sie zumindest angestrebt haben. So lässt er im Roman «Der Prozess» K. sagen:

> *«Jeder denkt nicht so wie Sie», sagte K. Ich zum Beispiel bin auch angeklagt, habe aber, so wahr ich selig werden will ...*

(Franz Kafka/Der Prozess/dtv 2644/S. 82)

So wahr ich selig werden will – Kafka nimmt also zumindest an, oder weiss, dass der Prozess nicht nur dazu führt, durch eine Dachluke von einem staubigen, stickigen Dachboden her für nur kurze Zeit hin und wieder mal frische Luft schnappen zu können. Unmissverständlicher als Kafka, was Möglichkeiten betrifft, ist Rilke:

> *Diese Aufzeichnungen, indem sie ein Mass an sehr angewachsene Leiden legen, deuten an, bis zu welcher Höhe die Seligkeit steigen könnte, die mit der Fülle dieser selben Kräfte zu leisten wäre.*

(Rainer Maria Rilke/Die Aufzeichnungen des Malte Laurids Brigge dtv 2619/S. 51)

Und Peter Sloterdijk schreibt sogar von energetischen Paradiesen:

Der lebendige Niemand ist es, der, trotz der Gräuel der Sozialisation, sich an die energetischen Paradiese unter den Persönlichkeiten erinnert. Sein Lebensgrund ist der geistesgegenwärtige Körper ...

(Peter Sloterdijk/Kritik der zynischen Vernunft
edition suhrkamp 1099/S. 156)

Geistesgegenwärtiger Körper – Niemand! Was soll uns das sagen? Vom Zyklopen Polyphem nach seinem Namen gefragt, nannte sich Odysseus «Niemand». Dank diesem Niemand und infolge der Blendung des einen Auges inmitten der Stirn des Zyklopen konnten Odysseus und seine noch nicht verspeisten Gefährten dem einäugigen Ungeheuer entkommen, der sie als Proviant in seiner Höhle gefangen gehalten hatte. Ein Niemand war es, der aus der Gefangenschaft der Höhle zu entkommen wusste – aus den Fängen des durch Sozialisierung beengend gewordenen Frontallappens, eines Ungeheuers – das eine Auge mitten in der Stirn. Wir sind da wie Kain gezeichnet, sesshaft geworden wie er, zu Besitzenden – oder auch von Besitzenden zur Arbeit angehalten. Das war jedoch nicht unser ursprüngliches Leben. Dahin entwickelten sich unsere Gene nicht. Viele unsere Vorfahren, Jäger und Sammler, lebten über Jahrtausende weitgehend egalitär und solidarisch. Sesshaft geworden, bildeten sich oft harte Hierarchien, Freiheiten gingen verloren und damit die Gunst Gottes – wie dies Kain geschah.

Und als Rache für die Blendung seines einäugigen Sohnes, des Zyklopen, trieb der Meeresgott Poseidon darauf Odysseus durch die Meere, durch das Unterbewusstsein – hatte er doch den trügerischen Halt im Ich aufgegeben.

Henry Miller beschreibt, wie sich dieses Sengen des einen Auges anfühlt, des dritten Auges, oder des Frontallappens:

Sterne, Sterne ... wie ein Schlag zwischen die Augen, und alles Erinnern plötzlich ausgelöscht. Ich war Samson, ich war Lackawanna, und ich starb als Einzelwesen in der Verzückung vollen Bewusstseins.

(Henry Miller/Wendekreis des Steinbocks/Rowohlt/Buch-Nr. 8060`1080 S. 182)

Die Höhle des Zyklopen und die gelungene Flucht Odysseus' dank dieses Niemand werden Platon zu einem eigenen Höhlengleichnis herausgefordert haben. Darin beschreibt er uns als Gefangene, angekettet in einer Höhle, wo wir nur Schatten des wahren Lebens und Lichts wahrnehmen sollen. Ist es für Homer ein Niemand, der die Freiheit erringt, sind es für Platon, unter anderem, disziplinierte Studien der Mathematik und Philosophie, die uns ins Licht der reinen Ideen tragen – ein Licht, das noch heller und strahlender als unsere natürliche Sonne scheinen soll. Und um dieses Ziel zu erreichen, riet er auch zu schwärzester Pädagogik – sah harte Zwänge zumindest im Kindesalter als förderlich. (Ältere wären ihm davongelaufen):

... indes an einer solchen Natur, wenn sie von Kindheit an gehörig beschnitten und das dem Werden und der Zeitlichkeit Verwandte ihr ausgeschnitten worden wäre, was sich wie Bleikugeln an die Gaumenlust und andere Lüste und Weichlichkeiten anhängt und das Gesicht der Seele nach unten wendet, würde dann, hiervon befreit, sich zu dem Wahren hinwenden ...

(Platon, Politeia, 7. Buch)

Anhand dieser beiden Höhlenbilder ist der geistesgeschichtliche Wandel Europas zu verstehen. Obwohl man heute Lüste eher auslebt, als es Platon für angemessen hielt, haben er und die Zeit danach, voran die Stoiker, uns überliefert, dass Disziplin das Mittel sei, um in höhere Welten oder Sphären hinter unserer Alltagswelt einzutreten – nach Platon z. B. in eine feste, unwandelbare Welt der Ideen! Er erlebte offenbar ozeanische Momente, von denen er ja auch spricht. Diese liessen ihn wohl reine Ideen als Ursprung des Lebens vermuten. Aber aus eigener Erfahrung weiss ich, dass diese oben besprochenen, kurzen Lichterscheinungen die Folge extremer Stresssituationen sind. Dies meint auch Nietzsche:

Leiden war's und Unvermögen – das schuf alle Hinterwelten; und jener kurze Wahnsinn des Glücks, den nur der Leidendste erfährt.

(Friedrich Nietzsche/Also sprach Zarathustra/dtv 30154/S. 36)

Vielleicht verschafft sich unsere Natur bei lang andauernden, schweren Belastungen durch diese ozeanischen Erlebnisse ganz schlicht Erleichterung. Es könnte eine ererbte Funktion sein, die uns in extrem schweren Umständen unser Leben rettet. Stark leidend, gaukelt uns unser Unbewusstes eine unbeschreibliche Zugehörigkeit vor, eine allumfassende Liebe oder einen uns liebenden Gott. Leider wird man aus diesen Erlebnissen nur als Kind keine grossartigen, weltbewegenden Schlüsse ziehen oder gar eine auf harte Disziplin bauende Religion oder philosophische Schule gründen. Dies ist aber leider unser geistiges Erbe! Und wir treiben diese Dressur in Schulen immer weiter – in globaler Konkurrenz hetzen Eltern ihre leistungsgestressten Kinder gegeneinander auf wie Kampfhähne. Man zwingt sie heute vielleicht weniger, um vordergründige Liebenswürdigkeit bemüht, treibt sie jedoch mit Motivationen und verstecktem Druck, wobei von vornherein klar ist, was von ihnen verlangt wird. Wir haben gegenüber der globalen Konkurrenz zu bestehen, ist der Tenor in den meisten Medien und der Politiker. Dazu nötige Innovationen fordern immer bessere Ausbildungen, müssen doch immerzu neue Produkte auf den Markt geworfen werden, um ihn in Gang zu halten. Der Kapitalismus hat den Planeten im Klammergriff und es bleibt uns kaum noch anderes übrig als der Weg der Bildungsdressur. Und es ist kaum möglich, dabei nicht mitzutun, ohne in Armut zu geraten.

Von uns Eignern dieses Ichs, das uns während Jahren nicht zuletzt in Schulen aufgezwungen wurde, wo doch die meisten nur die Pausen liebten und sich auch wünschten, sie fern von überwachten Schulplätzen zu verbringen, kann, wie schon gesagt, durchaus von Maskenträgern gesprochen werden. Das wird ungern gehört, aber wir haben sie uns aufzusetzen. Und so lässt auch schon Goethe im «Faust II» (Zeile 5943 u. f.) nicht nur eine einzelne, sondern gleich einen ganzen Maskenklump verbrennen. Die Verse beschreiben einen aktiven Vulkanschlund, in dem das Magma hochtreibt und wieder zum Grund sinkt. Goethe schenkt uns damit ein wundervolles Bild, wie die Bioenergie innerlich wahrgenommen wird, die Wirbelsäule hochschiesst, durch den Körper fliesst und im Kopf Funken sprühen lässt. Auch er beschreibt damit zweifellos inneres Erleben durch äusseres Geschehen, was daran zu erkennen ist, dass das aufwogende Magma einen ganzen Maskenklump verbrannte – und nicht die Gesichter der Anwesenden furchtbar verunstaltete, was von Magma getroffen der Fall gewesen wäre. Auch Goethe suchte also unter dem Sichtbaren nach Äquivalenten für das innen Geschehene. Aber lesen wir diese Zeilen:

Plutus

Wir müssen uns im hohen Sinne fassen
Und, was geschieht, getrost geschehen lassen,
Du bist ja sonst des stärksten Mutes voll.
Nun wird sich gleich ein Greulichstes eräugnen,
Hartnäckig wird es Welt und Nachwelt leugnen:
Du schreib es treulich in dein Protokoll.
Die Zwerge führen den grossen Pan,
Zur Feuerquelle sacht heran;
Sie siedet auf vom tiefsten Schlund,

Dann sinkt sie wieder hinab zum Grund,
Und finster steht der off'ne Mund;
Wallt wieder auf in Glut und Sud,
Der grosse Pan steht wohlgemut,
Freut sich des wundersamen Dings,
Und Perlenschaum sprüht rechts und links.
Wie mag er solchem Wesen traun?
Er bückt sich tief hineinzuschaun. –
Nun aber fällt sein Bart hinein! –
Wer mag das glatte Kinn wohl sein?
Die Hand verbirgt es unserm Blick. –
Nun folgt ein grosses Ungeschick:
Der Bart entflammt und fliegt zurück,
Entzündet Kranz und Haupt und Brust,
Zu Leiden wandelt sich die Lust. –
Zu löschen läuft die Schar herbei,
Doch keiner bleibt von Flammen frei,
Und wie es patscht und wie es schlägt,
Wird neues Flammen aufgeregt;
Verflochten in das Element,
Ein ganzer Maskenklump verbrennt.

(Faust II/Zeilen 5914–5943)

Keiner bleibt von Flammen frei! Was für ein Unglück, hätte
Goethe lediglich ein äusseres Geschehen und nicht ein inneres
beschrieben. Und er wusste, dass es hartnäckig geleugnet
werden wird! Geleugnet würde aber gewiss nicht, wenn er von
einem Erlebnis auf dem Ätna erzählte oder es nur um dich-
terische Fantasien ginge! Um was es in diesen Versen geht, sagt
er uns ein paar Zeilen weiter oben:

Nun entdecken wir hieneben
Eine Quelle wunderbar,
Die bequem verspricht zu geben,
Was kaum zu erreichen war.

(Faust II 5906–5909)

Auch dass sich durch dieses Aufwallen von Glut und Sud Kranz, Haupt und Brust entzündeten, legt nahe, dass hier von der aufsteigenden Kundalini die Rede ist. Magma hätte unterschiedslos alles verbrannt!

6

Die auf allen Karten falsch eingezeichnete Bahn des grossen Dichters. Nietzsches Leiden im Paradies der alten Schlange.

Die Tatsache, dass sich die Menschheit beharrlich weigert, die Tiefe und die wahre Dynamik ihres chronischen Elends anzuerkennen, hat gute und überaus rationale Gründe. Ein solcher unvermittelter Wissenseinbruch würde alles das, was die Gesellschaft trotz aller Kriege und Hungersnöte, trotz emotionalen Massenmords und kindlicher Not am Funktionieren hält, lähmen und zerstören.

(Wilhelm Reich/Christusmord/Aus meinem Zettelkasten/Buch vergriffen)

Jede menschliche Gemeinschaft hat ihre Konventionen, verbietet oder tabuisiert gewisses Verhalten und fordert die Unterdrückung von Trieben, Instinkten und Gefühlen. So sollten wir als Knaben nicht weinen und verlernten es. Bei indianischen Stämmen, uns waren sie in der Jugend sogar Vorbilder, mussten während Initiationsriten höllische Folterqualen stoisch ertragen werden. Nun wird nach meinen Kenntnissen in der Emotionsforschung der Verlust von Gefühlen infolge der durch Zwänge erfolgten Sozialisierung kaum in Erwägung gezogen – oder nur selten, von meist unbeachteten oder ins Abseits gedrängten Forschern. In der Regel macht man allenfalls mit Freud ein Unbehagen in der Kultur aus.

Falls die Aussagen der hier zitierten Dichter und die Nietzsches von mir richtig interpretiert sind, geht es ihnen darum, sich zu ihrer vollen Reife zu entfalten, was ihnen durch ihre Sozialisierung verbaut wurde. Hätten sie nicht nach einem freieren, ursprünglicheren Leben und tiefen, gesunden Gefühlen gesucht, wäre der Prozess, ein langer Leidensweg, weder von Kafka noch von Nietzsche bewusst in Kauf genommen worden. Dass Kafka dies tat, habe ich schon gezeigt. Nietzsche spricht davon in den folgenden Zeilen, in denen er auch auf den Aufenthaltsort der Schlange hinweist – der in ihm ist:

Was locktest du dich
ins Paradies der alten Schlange?
Was schlichst du dich ein
In dich – in dich?
Ein Kranker nun,
der an Schlangenkraft krank ist ...

(Friedrich Nietzsche/Dionysos-Dithyramben
Goldmann Klassiker 7511/S. 208)

Sagt er, sich ins Paradies der alten Schlange gelockt zu haben, tat er dies gewollt. So meint er in «Jenseits von Gut und Böse» auch:

... dankbar sogar gegen Noth und wechselreiche Krankheit, weil sie uns immer von irgend einer Regel und ihrem «Vorurtheil» losmachte ...

(Friedrich Nietzsche/Jenseits von Gut und Böse/dtv 30155/S. 62)

In diesen beiden Zitaten ist der Grund seines Ja zu seinen Leiden auszumachen – er will sich seine Schlangenkraft gewinnen und nimmt dafür Leiden in Kauf. Was bei trivialer Sicht eine Perversion scheint, ja zu seinen Leiden zu sagen, ist also bezüglich neuer Erkenntnisse zu sehen, die diese Schlangenkraft mit sich bringt. Diese beiden Zitate zeigen auch, dass er seine Erkenntnisse und Lehren nicht einzig als Früchte seines Denkens sah, wie viele seiner Interpreten zu glauben scheinen, die immer nur von seinem Denken reden! Ihnen geht offenbar das Verständnis für den Prozess ab. Man hat sich viele von Nietzsches Krankheiten nicht als irgendwelche Infektions- oder Erbkrankheiten vorzustellen. Die Ursache einiger seiner Krankheiten liegt in der erwähnten Schlangenkraft, wie er un-missverständlich sagt. Andere Krankheiten machen kaum frei von Regeln und Vorurteilen, auch wenn daran zu glauben manchen Trost gibt. Nietzsche hob den apollinischen Schleier an und die dionysische Welt, der Prozess, wurde ihm zur Hoffnung auf ein neues, kraftvolles Leben.

Dass auch Rilke Erkenntnisse aus seinen Leiden gewann und sie darum in Kauf nahm, lesen wir in folgender Zeile:

... wie bereit ich alles Erwartete aufgebe für das Wirkliche, selbst wenn es arg ist.

(Rainer Maria Rilke/Die Aufzeichnungen des Malte Laurids Brigge
dtv 2619/S. 70)

Vielleicht sollte ja entgegen der weitverbreiteten Meinung, über Literatur seien keine bestimmten Aussagen zu treffen, erforscht werden, was Rilke das Wirkliche, Kafka eine allerletzte Wissenschaft nennt und was Nietzsche mit dem Paradies der alten Schlange meint. Offensichtlich wollen sie uns trotz weitverbreiteter gegenteiliger Meinung etwas ganz Bestimmtes mitteilen. Vieles der Literaturwissenschaft müsste allerdings zum Altpapier gepackt werden, läse man die Karten richtig, was Rilke bezweifelt. (Er spricht hier von dem schon erwähnten, grossen Dichter):

Da las ich dich erst, da sie mir ausbrachen (Raubtiere) und mich anfielen in meiner Wüste, die Verzweifelten, Ver-zweifelt, wie du selber warst am Schluss, du, dessen Bahn falsch eingezeichnet steht in allen Karten.

(Rainer Maria Rilke/Die Aufzeichnungen des Malte Laurids Brigge
dtv 2619/S. 77)

Es war, nebenbei bemerkt, auch dies, was mich veranlasste, einige Kartographen wörtlich zu zitieren und auf Fehler der wissenschaftlichen Vermessungstechnik hinzuweisen. Ich selbst erfuhr, dass nur die Schlangenkraft und der Zweitakt Raubtiere wecken. Andere Bemühungen werden bestenfalls Mäuse und anderes Kleingetier aufscheuchen, was nicht mit den Gefahren und Schrecken des Prozesses vergleichbar ist. Allerdings gibt es auch welche, die sich vor kleinen Tieren schreiend auf Stühle flüchten.

7

Gauklerkünste des Ichs. Das Auge des von Odysseus geblendeten Zyklopen oder die Idiotie des Ichs. Der Kindlingeffekt.

... der dithyrambische Dionysusdiener wird somit nur von Seinesgleichen verstanden! Mit welchem Erstaunen musste der apollinische Grieche auf ihn blicken! Mit einem Erstaunen, das umso grösser war, als sich ihm das Grausen beimischte, dass ihm jenes Alles doch eigentlich so fremd nicht sei, ja dass sein apollinisches Bewusstsein nur wie ein Schleier diese dionysische Welt vor ihm verdecke.

(Friedrich Nietzsche/Geburt der Tragödie/Insel Taschenbuch 2679/S. 37)

Neurologische Versuche zeigen, dass uns unser Ich vorspielt, eine Handlung selbst dann bewusst ausgeführt zu haben, wenn die Ursache war, dass das Gehirn mit einem elektrischen Impuls von aussen gereizt wurde. Dies taten Chirurgen mehrmals an dem offengelegten Hirn einer Patientin, worauf sie jeweils lachte. Danach gefragt, warum sie das tue, gab sie überzeugt eine Ursache an. Offensichtlich stülpte sich ihr Ich über die tatsächliche Ursache ihres Lachens, den elektrischen Impuls. Das legt nahe, dass sich unser Ich auch über vom Unterbewusstsein schon im Voraus getroffene Entscheidungen stülpt, denen ja auch Impulse zugrunde liegen. Durch dieses Ich überschattet, verlieren wir jedoch unsere unmittelbare emotionelle Achtsamkeit, womit auch Gefühle verloren gehen oder verfälscht werden.

Wo das eine Auge des von Odysseus geblendeten Zyklopen sitzt, befindet sich der anteriore cinguläre Cortex, der schwerpunktmässige Sitz des Ichs, der Sitz kontrollierter Entscheidungen und Handlungen. Dass Odysseus das Auge inmitten der Stirn des Zyklopen blendete, war der Anstoss zur Odyssee, einer leidvollen Irrfahrt – um seine Seele zu retten, wie Homer uns gleich im ersten Vers der Odysseus zu verstehen gibt.

Da wo Peter Sloterdijk in «Kritik der zynischen Vernunft» von Odysseus schreibt, der sich auf die Frage des Zyklopen nach seinem Namen Niemand nannte, steht:

... so sind wir zunächst und «von Natur aus Idioten der Familie – im weitesten Sinn: erzogene Menschen. Mit dem Idiotismus des Ichs hat es die Aufklärung in letzter Instanz zu tun.»

(Peter Sloterdijk/Kritik der zynischen Vernunft/Band I
edition suhrkamp 1099/S. 155)

Die Voraussetzung oder Veranlagung, dieser Idiotie anheim-zufallen, wird uns leider vererbt sein; wie den vom Wolf abstammenden Hunden das Gehorchen. Im Laufe unserer Geschichte haben wir uns mehr und mehr Gesetze gegeben und uns ihnen gefügt. Über Jahrhunderte war die Mehrheit unserer Vorfahren Leibeigene oder Sklaven und gewöhnten sich daran, unterworfen zu werden. Das hat sich gewiss genetisch nieder-geschlagen. So wurden wir zu Wesen, die kaum mehr eine eigene Identität entwickeln, sondern sie uns von Eltern und Gesellschaft aufzwingen lassen. Wir sind leinengängig ge-worden. Und wer es noch nicht ist, z. B. als Kind in der Schule nicht still hocken kann und will, erhält oft die Diagnose ADHS und Ritalin verschrieben.

Die Forderung zu Delphi, «Erkenne dich selbst», bezweckte schon, das Es zu fliehen und sich ein aufgeblähtes Ich zu schaffen, das dazu dienen soll, uns wider unsere Natur gesell-schaftskonform zu steuern. Liest man die von Platon berichteten Vernünfteleien des Sokrates, ist die Verwesung zu riechen, wie Nietzsche bemerkt. Dieser Geruch kommt letztendlich daher, dass wir das Ich zum Tyrannen erhoben und das misshandelte Fleisch, das Es, unter seiner Herrschaft nicht mehr recht lebendig ist. Dahin zielt auch Freuds Forderung:

«Wo Es war, soll Ich werden.»

Zu diesem im Laufe der Zeit mit uns stattgefundenen Wandel äussert sich Kafka nicht sehr positiv. Er wünscht sich wohl etwas weniger von diesem klammen Ich:

... aber die Hunde (unsere Urväter) waren, ich kann es nicht anders ausdrücken, noch nicht so hündisch wie heute, das Gefüge der Hundeschaft war noch locker ... und jenes Wort war da, war zumindest nahe, schwebte auf der Zungenspitze. Jeder konnte es erfahren; wo ist es heute hingekommen, heute könnte man schon ins Gekröse greifen und würde es nicht finden.

(Franz Kafka/Forschungen eines Hundes/Fischer Klassik 90371/S. 397)

Dass in dieser Fabel von uns gesprochen wird – Kafka uns also mit zu Gehorsam gezüchteten, domestizierten Hunden vergleicht, wird man verstehen. Allerdings eröffnen sich uns heute neue Möglichkeiten, die er zu seiner Zeit nicht ahnen konnte. So könnten wir uns in unsere Urform zurückzüchten, was wir ja auch schon mit anderen von uns zu Nutztieren gezüchteten, in ihrer Urform jedoch ausgerotteten Tierarten taten. Oder vielleicht wird dies die sich rasant entwickelte Gentechnik bald ermöglichen. Ich kann mir vorstellen, dass wir, wieder wilder geworden, kaum mehr dazu bereit wären, täglich im Auto zur Arbeit zu fahren – zu einer Arbeit, die viele ungern tun – und dabei fahren wir doch zu keinem geringen Teil dahin, um zu finanzieren, dass wir mit dem Auto täglich hinfahren können.

Nun brüten Philosophen seit Jahrtausenden darüber nach, ob wir einen freien Willen besitzen. Neuerdings mischen auch Neurologen tüchtig mit. Dass wir im Laufe der Geschichte hündischer geworden sind, wie Kafka meint, ist aber kaum mit der Annahme eines freien Willens zu vereinbaren. Ebenso wenig sind dies neurotische Störungen, in die wir uns, über Jahrtausende hündischer geworden, immer leichter hineinmanövrieren lassen. Dass diese Störungen unser Denken und unsere Entscheidungen beeinflussen, selbst wenn sie leichterer Art sind, ist nicht von der Hand zu weisen. Unser Denken und unsere Entscheidungen basieren schlussendlich auf Gefühlen und sind diese gestört, sind es auch Denken und Handeln, was ja immer sichtbarer wird. Vor allem aber findet in diese Diskussionen um die Willensfreiheit das Wissen keinen Eingang, dass wir die energetischen Paradiese verloren haben!

Bei diesen Paradiesen handelt es sich um den Kindlingeffekt, bei dem Neuronen und Neuronennetzwerke gezündet werden und heftig feuern. (Auf psychische Erkrankungen wie Bipolarität und Epilepsie, bei denen auch ein Kindlingeffekt auslösende Ursache ist, werde ich hier nicht eingehen) Zu diesem Effekt, den die hier besprochenen Dichter zumindest teilweise erlebten und davon berichten, schreibt das IPN Institut:

Wurde die Region des Gehirns stimuliert, die man in der Fachsprache Mandelkern nennt, so wanderte dieser Reiz zum Mandelkern der anderen Gehirnhälfte über. Dann in gleichbleibender Reihenfolge zum Ammonshorn, zum Hinterhauptlappen und schliesslich zum Stirnlappen ... Auch die durch die Meditation ausgelöste Kundalinienergie (Lee Sannella, San Francisco, Kundaliniklinik Oakland, Kalifornien, Kundalini: Psychosis or Transcendence. Sowie Bernhard Glueck, Hartford, Connecticut, Institute of Living, kamen ebenso zu den gleichen Aussagen) wird von vielen Menschen, die das Erwachen erlebten, als Gefühl von nervöser Erregung, begleitet von inneren Lichtern, beschrieben.

Im Christentum sind es die Heiligen, die nach christlicher Vorstellung durch Gnade zur Seligkeit gelangen sollen. Diesen sind auf alten Bildern auch mal Heiligenscheine über den Ohren hin zu Stirn und Hinterkopf gemalt, ebenda, wo der Kindlingeffekt sich abspielt. Davon schreibt Michel Houellebecq in seinem Buch «Elementarteilchen»:

> *Doch unter manchen, äusserst seltenen Umständen – die Christen nannten es das Wirken der Gnade – entsteht eine neue Kohärenzwelle und breitet sich im Innern des Gehirns aus; dadurch lässt sich – vorübergehend oder endgültig – ein neues Verhalten beobachten, das durch ein völlig anderes System harmonischer Oszillatoren bestimmt wird; es handelt sich um etwas, das man gemeinhin eine freie Handlung nennt.*

(Michel Houellebecq/Elementarteilchen/Dumont 6278/S. 103)

Der Kindlingeffekt ist kreuzförmig angeordnet, betrifft die beiden Amygdala und die Schläfenlappen, Hinterkopf und Stirnlappen. Ich sehe in ihm den Ursprung der vielen in ihrer Grundstruktur kreuzförmigen Zeichen der Erlösung, der Mandalas verschiedenster Herkunft. Auf das absehbare Risiko hin unglaubwürdig zu erscheinen, möchte ich bemerken, auf eigene Erlebnisse gestützt, dass in unseren Köpfen herrlichste Gefühle erlebt werden können, ebendieser Kindlingeffekt – und nicht nur Kopfschmerzen, Migräne und rastloses Denken.

Der Effekt wird in Märchen meist durch die Krönung seliger Königspaare dargestellt, wofür ein Prinz, aber auch mal ein Habenichts, schwere Prüfungen zu bestehen hat. Ich erlebte an diesen vier Orten sowie am Scheitel, dass Lichter wie bengalische Kerzen zu sprühen begannen, erschrak baff, worauf sie erloschen. Auch Kafka spricht in «Amerika» von einem sprühenden Licht:

Der Onkel öffnete die nächste dieser Türen, und man sah dort im sprühenden elektrischen Licht einen Angestellten, gleichgültig gegen jedes Geräusch der Türe, den Kopf eingespannt in ein Stahlband, das ihm die Hörmuscheln an die Ohren drückte.

(Franz Kafka/Amerika/Suhrkamp3893/S. 48)

Kafka erwähnt Hörmuscheln, weil beim Kindlingeffekt oft Geräusche wie Summen, Glockenläuten, Musik und anderes zu hören sind.

(Mehr über Kundalini kann im Netz unter http://www.ipn.at/ipn.asp?ALB nachgelesen werden, wovon ich hier einiges zitiert habe)

Die Mandelkerne oder Amygdala, in denen der hier besprochene Effekt zündet, liegen links und rechts des Stammhirns, erbsengross. Gerhard Roth schreibt über sie in seinem Buch «Persönlichkeit, Entscheidung und Verhalten»:

Die Amygdala besteht aus vielen verschiedenen Teilen ... und dem grossen Komplex der basolateralen Amygdala, die mit komplexer emotionaler Konditionierung zu tun hat.

Und:

Die Amygdala und mesolimbisches System sind Hauptproduzenten von Affekten und negativen und positiven Gefühlen, von psychischen Antrieben, d. h. Motiven.

(Gerhard Roth/Persönlichkeit, Entscheidung und Verhalten/S. 68–69)

Die Amygdala ist also an allen Gefühlen beteiligt und mit ihrer Zerstörung gehen diese auch verloren – der Betroffene empfindet nichts mehr! Damit sind aber auch lebensnotwendige Ängste weg. Der Geschädigte wird eine ihm bekannte Gefahr nicht meiden, obwohl er sie intellektuell erkennt und sich in derselben Gefahr schon verletzte. Es ist anzunehmen, dass die

Funktionen der Amygdala auch durch Traumatisierungen und deren Verdrängung eingeschränkt werden.

Ist dies nicht der Fall, wird der Kindlingeffekt auch während eines Orgasmus erlebt, und zwar auch mal nicht nur während ca. zwei Sekunden, wie das IPN Institut lehrt. Er kann diesen Effekt für Tage oder Wochen auslösen und wird dann als sanfter, lichter Strom erlebt, da wo die Kronen oder Hutkrempen sitzen und bei Heiligen oft der Nimbus (Heiligenschein) als Ring gemalt ist – ein heute leider grösstenteils verlorener und vergessener Meridian. Dieser Effekt ist jedoch bei sich freuenden, gesunden Kindern bis ins Alter von ungefähr zwei Jahren durch Messungen noch nachzuweisen. Werdet wie die Kinder, dann werdet ihr in das Himmelreich eingehen, macht dazu Sinn – wobei man allerdings Sorge tragen sollte, danach zum Erwachsenen zu werden.

Sind nun bei verschiedenen Personen grosse Unterschiede elektrischer Potentiale zu messen, kann uns dies über vieles Aufschluss geben. Auch die Frage der Willensfreiheit würde sich dann wohl nicht nur anhand eines allerkleinsten, einer Entscheidung vorausgehenden Bereitschaftspotentials entscheiden, wie die Neurologen Gerhard Roth und Wolfgang Singer meinen. Ist der Kindlingeffekt verloren, ist von Willensfreiheit sowieso nicht zu reden. Von ihm schreibt doch Michel Houellebecq, « ... dass es sich dabei um etwas handelt, das man gemeinhin eine freie Handlung nennt». Keiner gäbe diese wunderbaren Gefühle freiwillig auf! Zudem nimmt kein Kind die Ursachen seines Verlusts, die «Gräuel der Sozialisation», aus freien Stücken in Kauf – selbst dann nicht, um sich, erwachsen geworden, liebevoll zu steuern, wie der Neurobiologe Professor Dr. med. Joachim Bauer in seinem Buch «Selbststeuerung – Die Wiederentdeckung des freien Willens» meint. Verloren wir also die energetischen Paradiese, ist bestimmt kein freier Wille anzunehmen. Vielleicht benutzen wir das von Bauer erwähnte top-down wirkende System, das uns das Es zu kontrollieren befähigt, infolge gesellschaftlicher Forderungen allzu hündisch. Unsere Willensfreiheit, sofern es sie jemals gab oder geben könnte, haben wir uns mit dem Verlust der energetischen Paradiese bestimmt verscherzt. Dieser Verlust hat doch auch entscheidenden Einfluss auf unser Denken und Handeln, was bekanntlich durch unsere Gefühle stark mitbestimmt ist. Und wenn diejenigen, die sich besser kontrollieren, im Leben erfolgreicher und glücklicher sind, sagt dies mehr aus über die Zwänge in unserer Gesellschaft als über unsere Natur. Hündisch zu sein wird in unserer Konsumgesellschaft offensichtlich belohnt!

Wir werden unten noch mehr von den Kung San lesen, einem Volk der Pygmäen, von Jägern und Sammlern. Ihnen war der Zutritt in diese Gefilde noch offen, wenn auch schon viele von ihnen mit heftigen Ängsten als Eintrittswährung zu zahlen hatten. Die Hunde waren ehemals nicht so hündisch wie heute, meint doch Kafka.

Die nie endende, müssige Diskussion um die Willensfreiheit sollte also vorderhand vertagt werden! Angesichts unserer Entfremdung und der damit einhergehenden emotionalen Verluste stellt sich jedoch eine andere Frage – ob wir Zivilisierten nicht vielleicht Irrläufer der Natur sind, da wir diese wunderbaren Paradiese verloren – und damit sichtbar auch oft die Fähigkeit zu gesundem Denken und Handeln.

8

Pierre Janet und Kafka greifen ins Gekröse. Bioenergetische Stürme und Nietzsches heilender Brausewind. Brücken zu anderem Bewusstsein.

Ich wusste noch keinen Weg und hielt mich an Freuds Lehre von Ich und Über-Ich. Eine charakteranalytische Technik war mit diesen psychoanalytischen Hilfsbegriffen nicht zu erarbeiten. Es bedurfte einer funktionellen Theorie der seelischen Struktur, die sich auf biologischen Tatsachen stützte.

(Wilhelm Reich/Funktion des Orgasmus/KiWi Verlag 122/S. 116)

Kafka schreibt von «ins Gekröse greifen». Dabei dachte er bestimmt an eine Psychologie, die ihm nicht lächerlich vorkam wie die Psychoanalyse. Nun begegnete auch schon Freud dieser Psychologie. In seinem Buch «Das Ich und das Es» erwähnt er auf der ersten Seite den Namen Pierre Janet.

Freud, Adler und Jung studierten damals einige Zeit bei Janet in Paris. Der Universität angeschlossen war die Salpêtrière-Klinik, von der übrigens auch Rilke in den «Aufzeichnungen» erzählt. Janets Forschungen galten als fortschrittlich. Schon bevor Freud seinen metaphysischen Siegeszug begann, betrieb Janet, Leiter dieser Pariser Klinik, aufwändige empirische Forschungen. Er war dabei, der Psychologie ein auf psychosomatische Untersuchungen gestütztes, wissenschaftliches Fundament zu geben und füllte Regale voller Ordner über Zusammenhänge zwischen Neurosen, Atmung und Peristaltik. Er griff also ins Gekröse.

Zu Freud meinte Janet:

Zu dieser Zeit kam ein ausländischer Arzt, Dr. S. Freud, von Wien an das Salpêtrière Hôpital und interessierte sich für diese Studien (Janets frühe Arbeit über psychologische Automatismen und Hysterie). Er unterstrich die Wahrhaftigkeit der Fakten und veröffentlichte einige neue Beobachtungen über die genannten Themen. In diesen Publikationen änderte er zuallererst diejenigen Begriffe, die ich verwendete; was ich psychologische Analyse nannte, bezeichnete er als Psychoanalyse; was ich psychologisches System nannte, womit die Gesamtheit aller Bewusstseins- und Bewegungszustände in Verbindung mit den Eingeweiden gemeint sind, in denen sich traumatische Erinnerungen konstituieren, bezeichnete er mit Komplex; er sprach über Repression, wo ich eine Restriktion des Bewusstseins feststellte; was ich als psychologische Dissoziation erkannte, bezeichnete er mit Katharsis.

(David Boadella – Wilhelm Reich: Pionier des neuen Denkens)

All das spricht entschieden für das Wissen Janets um unbewusste Vorgänge. Zudem lernte und therapierte Freud zu Anfang durch Hypnose, was das Vorhandensein eines Unterbewusstseins voraussetzt. Man wusste also schon vor Freud darum. Aber trotzdem hört und liest man immer wieder, dass es Freud war, der das Unterbewusstsein entdeckt haben soll. Da steigt der Verdacht hoch, dass man dem Unbewussten – vielleicht unbewusst – nur mittels der Psychoanalyse, also nur mittels Worten zu begegnen wagt. Selbstverständlich wusste auch schon Nietzsche davon, schrieb er doch unter anderem:

Deine wilden Hunde wollen in die Freiheit; sie bellen vor Lust in ihrem Keller, wenn dein Geist alle Gefängnisse zu lösen trachtet.

(Friedrich Nietzsche/Also sprach Zarathustra/dtv 30154/S. 53)

Wilhelm Reich nannte Freud mal einen Konquistador. Freud selbst forschte nicht, sondern betrieb metaphysische Spekulation, worauf sich dann auch vieles als falsch erwies!

Schon Shakespeare wusste um frühkindliche Prägungen, was unter anderem in Hamlets folgender Rede zu erkennen ist (Die Rede ist vom rigiden, devoten Polonius):

> *Er machte Umstände mit seiner Mutter Brust, ehe er daran sog. Auf diese Art hat er, und viele andere von demselben Schlage, in die das schale Zeitalter verliebt ist, nur den Ton der Mode und den äusserlichen Schein der Unterhaltung erhascht, eine Art von Schaumansammlung, die sie weiterträgt, und zwar durch die tiefsten und gesiebtesten Beurteilungen hindurch; aber man puste sie nur zu näherer Prüfung an, und die Blasen platzen.*

(William Shakespeare/Hamlet/Reclam/S. 116)

Allzu oft werden, wo nur äusserer Schein ist, tiefe Erkenntnisse und Erlebnisse behauptet, die keinem Pusten standhalten. Ein anderes bekanntes Beispiel, neben der Psychoanalyse, ist das schon erwähnte Höhlengleichnis von Platon, das leider bei dem ihm eigenen tiefen Sonnenstand lange Schatten wirft bis in die heutige Zeit.

Aber sehen wir uns in neuerer Zeit um. In ihrem Buch «Du sollst nicht merken» meint die Psychoanalytikerin und Autorin Alice Miller, erstmals zu Traumata von Klienten vorgedrungen zu sein und sie in ihrer Tiefe entdeckt und erforscht zu haben. Was sie vorgibt, entdeckt zu haben, brachte sie vielleicht neu in die Psychoanalyse ein, aber «Du sollst nicht merken», dass Psychologen wie Pierre Janet, Wilhelm Reich und auch die hier erwähnten Dichter schon längst von tiefen, in früher Kindheit verursachten Traumata wissen und davon schreiben. Wie oben zitiert, sprach Reich von einem tiefen, chronischen Elend, das die Menschheit anzuerkennen sich beharrlich weigert. Spricht er da nicht von unbewussten Traumata? Einzig das Wort wird es doch nicht ausmachen! Nun gestand Miller Reich zwar zu, obwohl auf eine lumpige, seine grossartigen Leistungen abwertende Weise, dass er der erste war, der starke Emotionen abrufbar machte:

Die therapeutische Erfahrung zeigt zwar schon seit Wilhelm Reich immer wieder, dass starke Emotionen abrufbar sind.

Die Formulierung lässt erkennen, dass sie, als Psychoanalytikerin, auch dies wenige Reich höchst ungern zugesteht. Vermutlich war sie dazu genötigt, durch andere darauf aufmerksam gemacht, dass sie nicht die Erste war, die zu Traumata vorstiess, wollte aber weiterhin als die grosse Entdeckerin gelten. Ehrlicher hätte sie doch sagen müssen, dass Reich die Voraussetzungen schuf, zu Traumata vordringen zu können. Für die Psychoanalyse wäre dies allerdings ein bedrohliches Zugeständnis, würde es doch zu weiteren, höchst unangenehmen Fragen führen. Die vielleicht peinlichste wäre, welche Methoden den Zugang zu Traumata überhaupt ermöglichen – ob dies der Psychoanalyse einzig über Gespräche möglich ist. Eine zugehörige Frage wäre, warum es erst Reich mittels der Vegetotherapie gelang, starke Emotionen abzurufen, und nicht schon vorher Freud und anderen Psychoanalytikern. Dann stellte sich weiter die Frage, ob Reich und seine Kollegen nach «Abrufen von starken Emotionen» mit ihren Forschungen innehielten, keine tieferen Verletzungen hinter den geweckten Ängsten vermuteten, nicht mehr weiterwussten und für Antworten gespannt Jahrzehnte auf die Psychoanalytikerin Alice Miller warteten.

Nun meint sie auch, moderne Hirnforscher hätten Traumata besser verständlich gemacht. Dass mit der Entwicklung neuer technischer Möglichkeiten einige Erkenntnisse hinzugewonnen werden, ist nicht weiter erstaunlich. Sie stellen jedoch, vom psychologischen Standpunkt her gesehen, kaum mehr fest, als welche Hirnareale bei unterschiedlichen Emotionen und Absichten mehr oder weniger aktiviert werden und welche psychoaktiven Botenstoffe daran beteiligt sind. Das hilft der Diagnostik, aber nur insofern, dass schon begangene Wege leichter zu gehen sind.

Leider werden aber von Psychologen und Neurologen kaum Untersuchungen über therapeutische Auswirkungen auf den Körper gemacht. Bewirken diese jedoch hohe Veränderungen der Körperpotentiale, hat dies auch einen erheblichen Einfluss auf unser Hirn, auf unser Denken und Fühlen.

Reich standen zu seiner Zeit zwar nur einfachste Messgeräte wie z. B. das Röhrenoszilloskop zur Verfügung. Aber trotz bescheidener Mittel richtete er seine Aufmerksamkeit zwecks Überprüfung des Therapieverlaufs auf Veränderungen bioelektrischer Potentiale, da er wusste, dass diese mit unseren Gefühlen korrelieren, bedingt durch eine mehr oder weniger verspannte Muskulatur.

In der Vegetotherapie erlebt man ein Auf und Ab. Lässt man z. B. Ängste zu, werden sich muskuläre Verspannungen vorerst verhärten, bei erfolgreichem Therapieverlauf darauf in zunehmendem Mass lockern. Nach der Beseitigung von den Fluss hindernden Verspannungen beginnen die Energien heftig spürbarer zu fliessen. Trifft dies jedoch nicht zu, ist zu bezweifeln, ob die Behandlung zu Traumata vorgedrungen ist. Hätten aber Klienten in psychoanalytischer Behandlung, oder anderen Gesprächstherapien, diese Energien erlebt, wären ihre Therapeuten im Laufe von Jahrzehnten bestimmt darauf aufmerksam geworden. Wie oben gezeigt, wurde aber auf diesbezügliche Erzählungen von Psychotikern weder reagiert noch wurden sie danach gefragt. Offensichtlich ist eine grosse Masse von Psychologen, auch nach vorgeblichen Heilungen, nie auf energetische Erlebnisse gestossen.

Diese Energien fühlen sich oft an wie brausende Stürme durch den Körper. Sie sind das Heilende. Alice Miller und andere Psychologen haben diese aber offensichtlich weder selbst erlebt noch bei ihren Klienten hervorgerufen. Bestimmt hätten sie sonst die Bedeutung der Erzählungen von Winden und Stürmen in der Literatur erkannt und es in ihren Literaturanalysen auch erwähnt, vor allem wenn sie uns Kafka und Nietzsche erklären. Nietzsche, der bestimmt an keinen Erlöser in irgendwelcher göttlicher Gestalt glaubte, brauchte dieses Wort trotzdem; für ihn gibt es also einen Erlöser, den er Brausewind nennt:

Schwüles Herz und kalter Kopf: wo dieses zusammentrifft, da entsteht der Brausewind, der Erlöser.

(Friedrich Nietzsche/Also sprach Zarathustra/dtv 30154/S. 119)

Und Zarathustra wünscht den in seine Höhle geladenen höheren Menschen einen:

Brausewind, der euch die Seelen hell bläst.

(Friedrich Nietzsche/Also sprach Zarathustra/dtv 30154/S. 393)

Robert Musil beschreibt uns das Erlebnis eines inneren Sturms bildhaft:

Der Boden strömte unter seinen Füssen. Er konnte die Augen kaum öffnen. Kann ein Gefühl blasen wie ein Sturm und doch gar kein stürmisches Gefühl sein? Wenn man von einem Sturm des Gefühls spricht, meint man einen, wo die Rinde des Menschen ächzt und die Äste des Menschen fliegen, als sollten sie abbrechen. Das aber war ein Sturm bei ganz ruhig bleibender Oberfläche. Nur beinahe ein Zustand der Bekehrung, der Umkehrung; keine Miene verschob sich von ihrem Platz, aber innen schien kein Atom an seiner Stelle zu bleiben.

(Robert Musil/Der Mann ohne Eigenschaften/rororo 13462
Band I/S. 155)

Von Kafka, in dessen Büchern mehrere derartige Erlebnisse erzählt sind, werde ich ein Beispiel aus «Ein Bericht für eine Akademie» näher besprechen. Mir scheint es von ihm hinsichtlich dieser Stürme oder Brausewinde das aufschlussreichste.

Der erzählende Schimpanse dieser Fabel wurde wild lebend eingefangen. Man nannte ihn Rotpeter, da bei seiner Gefangennahme Verletzungen von zwei Schüssen rote Narben hinterliessen. Einer traf ihn unterhalb der Hüfte, der andere in die Wange. Diese Narbe war die grössere, sichtbarere. Sie trug ihm den Namen Rotpeter ein. Die zweite pflegte er bei Vorträgen über seine Entwicklung zur zivilisierten Person zu zeigen, indem er seine Hosen herunterliess. Zu diesen Vorträgen wurde er geladen, weil er es, als ehemals frei lebender Affe, erstaunlicherweise bis zu mittlerer Schulbildung gebracht hatte. Dahin gelangte er jedoch nur durch grosse Entbehrungen, Leiden und Verlust der Freiheit – indem er die «Gräuel der Sozialisation» durchlitt. Rotpeter meinte dazu:

Diese Leistung wäre unmöglich gewesen, wenn ich eigensinnig hätte an meinem Ursprung, an den Erinnerungen der Jugend festhalten wollen. Gerade Verzicht auf jeden Eigensinn war das oberste Gebot, das ich mir auferlegt hatte; ich, freier Affe, fügte mich diesem Joch. Dadurch verschlossen sich mir aber ihrerseits die Erinnerungen immer mehr. War mir zuerst die Rückkehr, wenn die Menschen gewollt hätten, freigestellt durch das ganze Tor, das der Himmel über der Erde bildet, wurde es gleichzeitig mit meiner vorwärtsgepeitschten Entwicklung immer niedriger und enger; wohler und eingeschlossener fühlte ich mich in der Menschenwelt; der Sturm, der mir aus meiner Vergangenheit nachblies, sänftigte sich; heute ist es nur ein Luftzug, der mir die Fersen kühlt; und das Loch in der Ferne, durch das er kommt und durch das ich einstmals kam, ist so klein geworden, dass ich, wenn überhaupt die Kräfte und der Wille hinreichen würden, um bis dorthin zurückzulaufen, das Fell vom Leib mir schinden müsste, um durchzukommen.

(Franz Kafka/Ein Bericht für eine Akademie
Fischer Klassik 90371/S. 2942)

Rotpeter verbrachte eine intensiv erlebte Vergangenheit in Freiheit, die er durch seine Zivilisierung verlor. Aus dem einst grossen Tor des ringsum offenen Himmels wurde ob der vorwärtsgepeitschten Entwicklung ein kleines, fernes Loch, durch das nur noch ein schwacher Luftzug des Sturms zu spüren war. Das Nachlassen dieses Sturms entspricht also verlorener Freiheit! Würde sich Rotpeter mit grosser Mühe, er hätte sich dabei das Fell vom Leibe zu schinden, in die Freiheit zurück-kämpfen, würde ihm der Sturm der Freiheit wieder entgegen-blasen.

In der realen Welt, auf Bäumen, bedeutet ein Sturm für Affen jedoch nicht Freiheit. Freier bewegen sie sich gewiss bei windstillem, sonnigem Wetter. Da fliegen ihnen keine Äste um die Ohren, was sie zwingt, einen schützenden Ort aufzusuchen. Ein realer Sturm ist also kein offenes Tor zur Freiheit. In diesem Bericht wird zwar nicht gesagt, dass Kafka diese Stürme energetisch versteht, dass er aber um Bioenergien und deren überwältigende Effekte wusste, dieses Beispiel also kaum anders zu verstehen ist, werde ich noch an anderer Stelle zeigen. In diversen Episoden von «Amerika», oder «Der Verschol-lene», wie das Buch heute genannt wird, ist dem auf die Spur zu kommen.

Kafka hat den Akademien in der Tat Wichtiges mitzuteilen – aber wie er in «Forschungen eines Hundes» sagt, von einer anderen Wissenschaft, als sie heute geübt wird, einer aller-letzten Wissenschaft, wie er diese einschätzt.

Hat man diese Winde und Stürme erlebt, wird man bestimmt nicht mehr glauben, mithilfe irgendwelcher Analysen tiefere

Verletzungen heilen zu können! Leider wehen diese heilenden Brausewinde in den wenigsten Therapien!

Wie ist nun zu beurteilen, wenn Alice Miller schreibt, Kafka habe nicht bewusst von psychischen Verletzungen geschrieben, die ihm in seiner frühen Kindheit zugefügt worden waren? Und wenn sie meint, seine Geschichten seien ihm aus dem Unterbewusstsein zugeflossen, ohne dass er um die Ursache wusste? Und behauptet, die Psychoanalyse hätte ihn lehren können zu verstehen, woher seine Leiden kamen? Allerdings gesteht Miller in ihrem späteren Buch «Die Revolte des Körpers» Kafka zu, er hätte vielleicht gewusst, wovon er schrieb. Lässt sie dies aber besser dastehen?

Wie sagt doch Kafka:

> *Es ist keine Freude, sich mit der Psychoanalyse abzugeben, und ich halte mich von ihr möglichst fern.*

Offensichtlich wird der Verlust energetischen Empfindens, was für Kafka der Verlust der Freiheit bedeutet, von Miller nicht verstanden. Selbstverständlich geht es mir nicht einzig um Miller, sondern um die Psychoanalyse insgesamt. Psychoanalytiker kastrieren zu unserem Schaden die wertvollsten Werke unserer Literatur und ziehen ihnen ihre eigenen Toten Hosen über.

Nun hat Kafka ein bewundernswert humorvolles Geschick, die energetischen Erlebnisse, die auch in vielen Mythen und Märchen erzählt sind, in ihrer Bedeutung sinngemäss abzuändern und in seine kleine grosse Welt einzuflechten. Dass er z. B. in der griechischen Mythologie einen Sinn sah, sie also durchdacht abwandelte, zeigt sich in einem Eintrag in seinem Tagebuch vom 18. Dezember 1911:

> *Vorgestern «Hippodamie». Elendes Stück. Ein Herumirren in der griechischen Mythologie ohne Sinn und Grund.*

Ein witziges Beispiel ist im Roman «Das Schloss» die Geschichte mit der fetten Katze der Lehrerin. Kafka gestaltete sie
aus dem fürchterlichen nemeischen Löwen, der in der Um-
gebung Tod und Schrecken verbreitete und von Herkules
erwürgt wurde, der ihm dann das Fell abzog, das ihn weitgehend
unverwundbar machte. Bei Kafka wird dieser Löwe zur fetten
Katze im Schulzimmer. Dies bringt er uns dadurch nah, dass er
die Lehrerin in der Löwengasse wohnen lässt.

K. und K.s Geliebte Frieda und die beiden Gehilfen waren in
einem Schulzimmer einquartiert, wo diese Katze lebte. In der
ersten Nacht erschrak sie ob der Anwesenheit unbekannter
Personen im sonst nachts leeren Schulzimmer, flüchtete und
verletzte sich. Anderntags zog die Lehrerin K. deren Krallen
über den Handrücken, als Strafe für die Verletzung, an der er
unschuldig war. So trug er ein paar blutige Striemen davon,
anstatt durch ein erbeutetes Löwenfell unverwundbar zu werden
wie Herkules. Der Löwe in K. wurde ob der durchlittenen
Schuljahre zur trägen, überfütterten Hauskatze.

Um der Lehrerin gefällig zu sein, lässt sich K. darauf sogar dazu
missbrauchen, vom Estrich eine Wanne zu holen, in der Frieda
dieses widerliche Tier badete.

In der modernen Literatur, wie auch Freud bemerkt, werden
Charaktereigenschaften des Protagonisten oft in anderen Personen der Erzählung personifiziert. Einfach gesagt, wird eine
Person das Gute, eine andere kriegerische Rücksichtslosigkeit
und Habgier des Protagonisten verkörpern. Dazu dienen in Märchen auch Tiere, Fabelwesen und Unholde. Moderne Dichter
folgen also uraltem Usus von Märchen, Mythologien und
Religionen.

Bei Kafka ist diese Personifizierung oft schon durch die Wahl
der Namen erkenntlich. So nennt er den für K. zuständigen
Schlossbeamten in diesem Sinne Klamm. Dieser Name ist die

Personifizierung psychosomatischer Widerstände, liest man
doch im Duden dazu Begriffe wie frostklamm, gefroren, starr
und steif.

Dementsprechend verfährt er mit Orten. So nennt er im
«Schloss» ein Gasthaus «Brückenhof». Das Gasthaus steht
gleichnishaft für das Bauchsegment – wird da doch gefuttert.
Und da sich in diesem Segment traumatische Erinnerungen
konstituieren, kollidiert K. folgerichtig mit der das Gasthaus
führenden Wirtin. Von diesem Gasthaus aus versuchte er
vorerst ins Schloss und zum Grafen zu gelangen, was beides für
den Genitalbereich steht, schreibt doch Kafka vom Turm:

> *Es war, wie wenn ein trübseliger Hausbewohner, der ge-*
> *rechterweise im entlegensten Zimmer des Hauses sich hätte*
> *eingesperrt halten sollen, das Dach durchbrochen und sich*
> *erhoben hätte, um sich der Welt zu zeigen.*

(Franz Kafka/Das Schloss/Reclam 9678/S. 14)

Also den Hosenladen zugeknöpft! – war dieser Turm doch auch
«zum Teil gnädig von Efeu verdeckt», wie sich Adam und Eva
nach dem Sündenfall vor Scham ihre Genitalien mit Blättern be-
deckten.

Im Namen des Gasthofs ist auch das Wort «Brücke» enthalten.
Brücken sind in der Literatur oft erwähnt, wenn es darum geht,
dass bisher gebundene Energien befreit und dadurch z. B. der
Tanz und der Orgasmusreflex ausgelöst wird. So ist von Rilke
eine Brücke im selben Abschnitt erwähnt, in dem er vom zwingenden Zweitakt und der Naturkraft spricht, die den Protagonisten nach vorne bog und zurückriss.

Kafka gibt uns am Schluss der Erzählung «Das Urteil» ein
aufschlussreiches Beispiel der symbolischen Bedeutung einer
Brücke. Durch den Selbstmord des Protagonisten Gregor Samsa
ändern sich die Verhältnisse auf dieser Brücke drastisch, was

nicht einer realen Veränderung entsprechen wird, sondern eine symbolische Bedeutung hat. Kafka gibt uns damit zu verstehen, dass Brücken in der Literatur auch mal Symbol des Wandels sind.

Er schreibt:

«Noch hielt er sich mit schwächer werdenden Händen fest, erspähte zwischen den Geländerstangen einen Autoomnibus, der mit Leichtigkeit seinen Fall übertönen würde, rief leise:»Liebe Eltern, ich habe euch doch immer geliebt«, und ließ sich hinfallen.

In diesem Augenblick ging über die Brücke ein geradezu unendlicher Verkehr.»

Die Erzählungen/Fischer Klassik 90371/S. 55

Soll ein einzelner Autobus den Fall Gregors ins Wasser übertönen, wird es vormals auf der Brücke still gewesen sein. Nach seinem Fall soll plötzlich ein «unendlicher Verkehr» eingesetzt haben. Ein realer Verkehr dieses Ausmasses würde jedoch kaum augenblicklich einsetzen. Aber dem ging voraus, dass Gregor vor groben Anschuldigungen seines kurz davor noch hilflosen Vaters floh. Kafka wird damit die ihm plötzlich ins Bewusstsein dringenden Verletzungen durch des Vaters fordernde Art zeigen, der Gregor, und vermutlich Kafka selbst, nicht entsprechen konnten. Als er sich nun dieser Verletzung bewusst wurde, öffnete sich eine Schleuse. Das verursachte einen Inneren Aufruhr; gezeigt durch den unendlichen Verkehr. Dieser wird auch ein unter dem Sichtbaren gefundenes Bild für Inneres Geschehen sein und Nietzsches Brausewind entsprechen, dem Heiler. Mit Gregors Tod tritt also auf einer symbolischen gedachten Brücke ein neuer Zustand ein - die Entdeckung verdrängter Verletzungen und ihre mögliche Heilung durch den Brausewind. Wie schon erwähnt, bedeutet der Tod einer Figur oft die Entdeckung und mögliche Heilung eines entarteten Charakterzugs, der durch diese Figur verkörpert war. Die erwähnten Geländerstangen erinnern mich zudem an die Stangen eines Zellgitters, hinter dem Gregor vordem gefangen war.

Das wohl aufschlussreichste Beispiel einer Brücke, ist sie doch zugleich eine Schlange, die indische Kundalini, findet sich in Goethes «Märchen»:

Beide wussten nicht die Veränderung, die mit der Schlange vorgegangen war: denn die Schlange war es, die sich jeden Mittag über den Fluss hinüber bäumte und in Gestalt einer kühnen Brücke dastand.

(Goethe/Das Märchen/Reclam 7621/S. 46)

9

Die Verunglimpfung der Sexualität und daraus resultierende Perversionen. Die verschmähte Libido im Buddhismus.

Es war seine Aufgabe, in diesem Schrecklichen, scheinbar nur Widerwärtigen das Seiende zu sehen, das unter allem Seienden gilt.

(Rilke/Die Aufzeichnungen des Malte Laurids Brigge
zu C. Baudelaire/dtv 2619/S. 69)

Ich werde in den folgenden Kapiteln eine zweite und dritte Runde drehen und dabei einiges wiederholen. Vielleicht wird ein eventueller Leser froh sein, an Verschiedenes erinnert zu werden. Diese Runden dreht man zudem auch während des Prozesses, als ob man mit den Drehungen einer Spirale tiefer dringt, dabei wieder auf dieselben Probleme trifft, sie aber gründlicher und auch schmerzhafter erlebt.

Das Schreckliche, das Baudelaire unter allem wahrnimmt, ist auch im Schloss von Kafka zu finden. Einst wohnten da gewalttätig herrschende, das Volk ausbeutende Adlige und Raubritter. Gewalt war noch sichtbar. Ihnen folgten unheimliche Beamte, Statthalter einer verinnerlichten Burg, mit Hörigen voller internalisierten Mauern, respektive psychosomatischen Widerständen. Offene Gewalt, um Gehorsam zu erzwingen, ist kaum noch nötig. Zu dieser Entwicklung bemerkt Kafka in «Forschungen eines Hundes», dass wir im Lauf der Geschichte hündischer wurden. Wir gehorchen immer flotter, arbeiten und konsumieren, wie es gern gesehen wird.

Im «Schloss» ist im Kapitel «Bei Amalia» nicht gleich von ihr oder ihrer Familie die Rede, sondern von dem vom Schloss stammenden Schwarzer und seiner Angebeteten, der Lehrerin Gisa, der Besitzerin dieser abstossenden Katze. Schuldiener geworden, war K. dieser Lehrerin unterstellt – durch den Prozess also in seine vergangene Schulzeit zurückgeworfen oder regrediert. Schwarzer ist der Sohn eines untergeordneten Beamten, eines Unterkastellans und verliebt in diese Lehrerin. Während der Unterrichtsstunden sass er schweigend mit den Schülern im Klassenzimmer und half abends der Lehrerin, Aufgaben zu korrigieren, beide stumm nebeneinandersitzend. Er soll auch mal an ihrer Wohnungstür gehorcht haben, allerdings ohne je etwas von ihr zu hören. Damit hatte es sich dann mit ihrer Liebe. Körperliches sperrten sie aus. Das war wohl der Grund für die Unduldsamkeit und das sadistische Betragen gegenüber dem ihnen ausgelieferten K.

Nun war gleich zu Anfang das Eingreifen Schwarzers Ursache dafür, dass die Schlossbehörde auf K. aufmerksam wurde. Schwarzers Handeln war also ein Mitgrund, dass K. in den Prozess verstrickt wurde. Andernfalls, überlegte sich K. mal, hätte er vielleicht im Dorf für kurze Zeit eine Arbeit gefunden und wäre darauf unbetroffen weitergewandert. Frustrationen bei unerfüllter Liebe stossen einen in schwarze Abgründe – wofür Schwarzer steht.

Nachdem K. wegen der nur leicht verletzten Katze von der Lehrerin zu Unrecht bestraft worden war, besuchte er abends die Barnabas'sche Familie. Nach wieder erlebten Leiden der bisher unbewältigten Schulzeit eröffnete sich ihm nun die Sicht auf den inneren Zustand einer Familie – die von der emotionellen Pest gezeichnet ist, was in den Kapiteln «Bei Amalia» und den ihm folgenden erzählt ist.

Nachdem die vordem gut betuchte Familie Barnabas aus der Dorfgemeinschaft verstossen worden war, stürzte sie bald in bitteres Elend. Der Anlass dazu war die Weigerung Amalias, der jüngeren von Barnabas' beiden Schwestern, der obszönen brieflichen Liebesforderung des Beamten Sortini Folge zu leisten. Sie zerriss den Brief und warf ihn dem Boten ins Gesicht. Damit war das Urteil über die Familie angebahnt. Anfangs hatte die Dorfbevölkerung noch Mitleid mit der verarmenden Familie und wäre bereit gewesen, sie wieder in ihre Gemeinschaft aufzunehmen. Amalia hätte dies noch einrenken können, hätte sie die widernatürlichen Zustände in Dorf und Schloss akzeptiert – all das Schreckliche und Widerwärtige, das unter allem Seienden gilt – das ihr dieser Brief offenlegte.

Nun sagte Olga zu K. auch, die ältere der beiden Schwestern, dass die Familie kein Wort über den Brief hätte verlauten lassen dürfen und auch nicht durch irgendwelche Taten darauf aufmerksam machen. Dies könnte die perversen Handlungen der Beamten ins Bewusstsein rufen, und auf Verdrängtes, auf das, was unter allem Seienden gilt, aufmerksam machen. Der Vater Amalias bemühte sich jedoch verzweifelt, Verzeihung zu erlangen, und erinnerte damit an den Brief und an Amalias gerechte Empörung über die verdorbenen Zustände in Dorf und Schloss. Dies aber barg die Gefahr, sich der emotionellen Pest bewusst zu werden und hätte zur Folge, dass der fadenscheinige, kranke Zusammenhalt von Dorf und Schloss hätte zerfallen können. Das besser zu verstehen helfen uns Reich schon mal zitierte Worte:

Die Tatsache, dass sich die Menschheit beharrlich weigert, die Tiefe und die wahre Dynamik ihres chronischen Elends anzuerkennen, hat gute und überaus rationale Gründe. Ein solcher unvermittelter Wissenseinbruch würde alles das, was die Gesellschaft trotz aller Kriege und Hungersnöte, trotz emotionalen Massenmords und kindlicher Not am Funktionieren hält, lähmen und zerstören.

(Wilhelm Reich/Christusmord/Aus meinem Zettelkasten/Buch vergriffen)

Der von Amalia abgewiesene Schlossbeamte Sortini war Feuerwehrfachmann und führte die Übergabe einer Feuerwehrspritze an, die das Schloss dem Dorf schenkte. Dieses Geschenk lässt Ungutes ahnen, wie auch die eigentümlichen Falten auf Sortinis Stirn, womit Kafka auf einen verdorbenen Stirnlappen hinweist:

> *... etwas, was allen, die ihn überhaupt bemerkten, auffiel, war die Art, wie sich bei ihm die Stirn in Falten legte, alle Falten – und es war eine Menge, obwohl er gewiss nicht mehr als vierzig ist – zogen sich nämlich geradewegs fächerartig über die Stirn zur Nasenwurzel hin, ich habe etwas Derartiges nie gesehen.*

(Franz Kafka/Das Schloss/Reclam 9678/S. 202)

Diese Falten auf Sortinis Stirn sind ein anderes Bild für den geschädigten Stirnlappen. Sie entsprechen dem einen Auge des von Odysseus geblendeten Zyklopen. Des Beamten Sortinis Aufgabe war doch das Leben zu sortieren, wie sein Name verrät. Diese gegen unsere Natur gerichtete Kontrolle verursachte ein pervers gepolte Unterbewusstsein, das obszöne Verhalten Sortinis. Gegen dieses faulige Fruchtfleisch empörte sich Amalia und leitete damit den Niedergang der Barnabas'schen Familie ein. Entsprechend war auch die Blendung des Zyklopen Ursache, dass dessen Vater, der Meeresgott Poseidon, Odysseus durch die Meere trieb, durch unbewusste Verletzungen.

Die Symbolik der Feuerwehrspritze braucht wohl nicht erklärt zu werden. Wir haben es hier mit zwei sich gegenüber gestellten Segmenten zu tun – mit der Stirn, dem präfrontalen Cortex, der ob der immer wieder der Kontrolle entgleitenden Libido unwillig Falten runzelt. Sortini, als Feuerwehrfachmann, wollte anscheinend die Dorfbevölkerung mit der geschenkten Spritze in die Lage versetzen, eventuelle im Dorf auflodernde Feuer mit besserem Erfolg zu löschen. Ihn selbst veranlasste jedoch das

Unbewusste, das er ja mitverursachte, zu unverschämt obszönen Liebesforderungen.

Nachdem die Familie verstossen worden war, zerfielen die Eltern in kurzer Zeit zu gebrochenen, hilflosen Geschöpfen – Kafka kehrt ihren inneren Zustand nach aussen, beschreibt ihren vordem durch Masken überspielten seelischen Zustand.

Um sich trotz der oft fragwürdigen Erziehung seiner Eltern sicher zu wähnen, hat ein Kind sie in seiner Abhängigkeit zu idealisieren. Wahrgenommene Fehler würden es verunsichern und verängstigen. Es hat sie daher zu verdrängen. Um sich später von der schädlichen Erziehung zu heilen, sollten auch die Fehler der Eltern gesehen werden, waren es doch vor allem diese, die psychische Störungen verursachten. Eltern unbeschönigt zu sehen wird in modernen Behandlungen ja auch meist angestrebt.

Anhand der drei Geschwister zeigt Kafka mögliche Entwicklungen, die sich durch den Prozess herauskristallisierende Charakteren. In Barnabas, dem einzigen Sohn, was Kafka war, energetische Phänomene. So erhielt Barnabas vom Schloss eine Anstellung als K.s Bote, was neben anderen Hinweisen an den olympischen Götterboten Hermes erinnert, den Träger des Thyrsos. (Dass Barnabas' und K.s beide Gehilfen den Thyrsos verkörpern, werde ich weiter unten noch zeigen.)

Um etwas für die Familie zu erreichen, gab sich Olga, die ältere Schwester, im Herrenhof den rohen Spielen rüpeliger Schlossknechte und Schlossdiener hin, prostituierte und opferte sich vielleicht, um zugunsten der Familie eine Verbindung zum Schloss zu schaffen. Kafka beschreibt sie einfühlsam und K. zugeneigt, dem sie vieles über das Schicksal ihrer Familie erzählte.

Näher betrachten will ich vorerst die Entwicklung Amalias, da ich glaube, in ihr Kafkas Sicht auf typisch stoisches, aber auch buddhistisches Verhalten zu erkennen. Ob Kafka Kenntnisse vom Buddhismus hatte, weiss ich nicht. Er wird jedoch von Schopenhauer und dessen Affinität zum Buddhismus und den Stoikern gewusst haben. So denkt er bestimmt auch an diesen Philosophen, wenn er in «Forschungen eines Hundes» spottend von in den Lüften schwebenden Lufthunden erzählt, die den Gebrauch ihrer Beine, was Hunden doch wichtig ist, fast gänzlich aufgegeben hatten und kaum mehr grösser sind als ein Kopf. (Heute verstehen sich wohl auch viele Neurologen dementsprechend, wenn sie, ohne den Körper und seine Energien miteinzubeziehen, einzig das Hirn erforschen.)

Amalia begehrte, wie gesagt, gegen das in Sortini dargestellte, pervertierte Verlangen auf und bemühte sich darauf ausschliesslich um die schnell zerfallenden Eltern. Sie lebte also nur noch karitativem Mitgefühl. Ihre eigenen Bedürfnisse stellte sie zurück. Kafka gibt uns dies damit zu verstehen, dass Schlossgeschichten sie nicht interessierten. Sie suchte keinen Ausweg aus der von ihr erkannten Verdorbenheit und deren zerstörerischen Auswirkungen, sondern wandte sich von Dorf und Schloss, von der Gemeinschaft insgesamt ab. Kafka beschrieb in ihr einen weiblichen Charakter der sich aufopfernden Hilfsbereitschaft – der jedoch meist etwas herrschsüchtig ist und am besten zu wissen glaubt, was anbefohlen ist. So dominierte sie auch die Familie, obschon sie die Jüngste der Geschwister war. In der Pflege der Eltern fand sie, wohl um nicht ganz zu erkalten, Rettung für ihre austrocknende Libido. Ich denke, dass im Buddhismus aus demselben Grund, immer wieder betont, Mitgefühl entwickelt werden soll – wohl um in der «Leere» oder im «Nichts» nicht ganz zu veröden. Da der Buddhismus hier im Westen seit längerer Zeit einen kaum hinterfragten Hype erlebt, will ich mich damit etwas eingehender auseinandersetzen. Dies scheint mir wichtig, weil der Buddhismus das pure Gegenteil von dem bezweckt, was die hier besprochenen Dichter verfolgen.

Die Legende berichtet von Buddha, dass er als Prinz in einem reichen Haus aufwuchs und das rundum herrschende Elend während dieser Zeit nicht wahrgenommen haben soll. Das spricht nicht unbedingt für eine am öffentlichen Schicksal teilnehmende Familie, was ihn geformt haben wird. Selbstverständlich geht es dabei um eine Legende, aber reale gesellschaftliche Verhältnisse werden ihr zugrunde liegen. Sie könnten uns die Antwort geben, warum er nicht gegen die herrschende Not revoltierte, sondern sich für die Flucht davor, vor dem Leben insgesamt entschied. So war er ja bald nicht mehr sein Körper, seine Gefühle und ebenso wenig seine Gedanken. Im Gegensatz zu Buddhas Lebensflucht wird Arjuna in der Bhagavadgita, der vielleicht wichtigsten Schrift der Veden, dazu aufgefordert, auch gegen Familienmitglieder in den Kampf zu ziehen. Arjuna stellte sich also, im Gegensatz zu Buddha, den durch Erziehung und Forderungen der Gesellschaft verursachten psychologischen Problemen. Dieser entscheidende Unterschied wird ausschlaggebend gewesen sein, dass der Buddhismus in Indien nie richtig Fuss fassen konnte.

Eine buddhistische Schulung ist meiner Ansicht nach besonders geeignet, diesen in Amalia dargestellten Charakter zur äussersten Vollkommenheit auszubilden – die Libido gänzlich zurückzustutzen! So gibt es im Buddhismus die Kundalini nicht oder eben die Libido, wie der Buddhist Dr. Heinz Hilbrecht in seinem Buch «Meditation und Gehirn – Alte Weisheit und moderne Wissenschaft» schreibt. Ich fand sie in diversen buddhistischen Büchern auch nie erwähnt. Beschämend, wenn man bedenkt, wie dick Buddhisten ihre Erkenntnisse auf erbetteltes Brot streichen. Allerdings sind entsprechende Entwicklungen, wie der Weg vom Kundalini-Yoga hin zum Buddhismus, also von der Lebendigkeit hin zur Leere, in der Geschichte vielerorts zu verfolgen – eine Verarmung unserer Gefühle, deren Zweck die Eingliederung in die Gesellschaft ist. Es geht im Buddhismus doch vor allem um strenge Selbstkontrolle, deren Preis ein kaum je wahrgenommener und schon gar nicht zugestandener Verlust von Gefühlen ist. Diese Gefühlsverarmung zu erreichen benötigt einen riesigen Aufwand; wofür mit unglaubwürdigen Versprechen geworben wird.

Zu Buddha habe ich mir daher lästernd ausgedacht, dass er zwar von indischen Lehrern im Kundalini-Yoga unterrichtet worden ist, denn wie hätte er nicht darauf stossen sollen, damit jedoch keinen Erfolg verbuchte. Vielleicht floh er eingeschüchtert seine Ängste – lehrt er doch später verzagt, das Leben sei Leiden und dass man ihm nicht anhaften, es also fliehen soll. Das funktioniert aber nur, wenn zu diesem Zweck Gefühle abgewürgt werden. Ohne sie droht uns aber, zu frostigen, bestenfalls immerzu grinsenden Geistern in der Leere, im Nichts oder im Nirwana zu werden! Was anderseits durch die Kraft der Kundalini erlebt werden kann, würde bestimmt keiner Leere, Nichts oder Nirwana nennen. Der Name ihres Ziels verrät sie doch!

Und so hat Heinz Hilbrecht, als Buddhist, die Kundalini leichthin mit Symptomen wie zappelnden Beinen, Jucken und Stichen abgetan. Wenn sich die bisher gestaute Libido auszubreiten beginnt, geschieht dies tatsächlich und ist teils unangenehm. Die Energie staut sich eben an kranken Stellen und es dauert, bis sie sich den Weg gesund und frei gebahnt hat. Diese unangenehmen Begleiterscheinungen würden jedoch Buddhisten beim reglosen Sitzen oder Liegen, bestimmt stören. Sie haben sich während ihrer Meditationen zu beherrschen und sollten sie sich keinesfalls kratzen. Sie haben also guten Grund, diese unangenehmen Begleiterscheinungen zu meiden. Nicht ausgenommen zappelnde Beine, was ihre Durchblutung zwar sehr fördert und wonach sie sich meist sehr wohl anfühlen. Ihre Libido zu meiden, dienen ihnen auch lammfromme Übungen wie Qigong und Tai-Chi, bei denen äusserste Kontrolle verlangt ist und dabei unwillkürliche Bewegungen selbstverständlich vermieden werden. Zwar behaupten sie Ähnliche; ihre Übungen sollen sich bei Fortgeschrittenen von selbst abspulen. Aber ich kann mir dazu nur vorstellen, dass sie durch jahrelanges Üben Hirn und Körper programmieren, also künstliche Neuronen-Netzwerke schaffen, von denen sie dann gleich Automaten gesteuert werden. Das wird ihr Wohlbefinden ausmachen.

Und da die Kundalini sexuelles Begehren heftig aufflammen lässt, wodurch selbst ein Erhabener wieder der Sexualität verfallen könnte, sind den Buddhisten die durch die Libido verursachten natürlichen Reflexe ohnehin suspekt. Sie könnten ja durch die dabei gesteigerte Lust dazu verführt werden, dem Leben erneut anzuhaften. Betrüblich zurückgeworfen, hätten sie mit Asuha-Meditationen von vorn zu beginnen: wieder achtsam, was sich im Westen allerdings schlecht verkauft, über sich zersetzenden Leichen zu meditieren – zu beobachten, wie Fliegen sie umschwärmen, ihre Eier ablegen, aus denen Maden schlüpfen, wie die Leichen sich durch ihre Zersetzung aufblähen und von Vögeln, Hunden und Ratten bis aufs Skelett zerrissen, gefressen und benagt werden. Eine etwas rabiate, aber sicher wirksame Methode, sich fleischliche Lust abzugewöhnen. Und sollte es einen Buddhisten eines Tages trotzdem nach dem Weib gelüsten, kann er all das Gesehene mit seinem inneren Auge visualisieren. Ähnliches praktizierte übrigens auch Seine tibetische Heiligkeit.

Nun gibt es heute zwar immer weniger Möglichkeiten, auf diesem Weg zur Weisheit zu finden, aber man wird sich zur Not auch mit Perversionen aus dem Internet behelfen können. Die müssten dann allerdings um der Religionsfreiheit willen erlaubt sein.

Die Verdrängung der Sexualität hat in der Weltgeschichte allzu oft zu Aggressionen und Kriegen geführt. Kulturen, die sie unterdrücken, neigen bekanntlich zu deutlich mehr Gewalt. Die hoch entwickelten Kampftechniken der Buddhisten sprechen sicher dafür, haben sie ja nicht immer nur der Ertüchtigung von Körper und Geist gedient. Eigentlich tun sie dies erst, seit diese Knochenbrecher und Totschläger mit Musketen und Kanonen gestoppt wurden.

Selbstverständlich bin ich der Überzeugung – nein, weiss ich und bin damit nicht allein, dass die Schlangenkraft oder Bioenergie heilt. Tut sie dies aber, ist klar, dass es auch Buddhisten unmöglich ist, ohne erst diesen Weg gegangen zu sein, sich unvoreingenommen für Praktiken und Ziele entscheiden zu können. Auch bei ihnen werden, ohne diese Heilung, Neurosen oder gar Traumata ihre Wahl entscheidend mitbestimmen.

Der buddhistische Weg zielt unverkennbar auf eine Spaltung der Persönlichkeit ab! So sind Buddhisten doch erst am Ziel, wenn sie nicht mehr ihre Körper, ihre Gefühle, keinen ihrer Sinne und ebenso wenig ihr Denken mehr sind – also völlig abgespalten. Allerdings kann dies erträglicher sein als das vorherige Leben war und man trifft diese Wahl möglicherweise zu seinem Vorteil. Und so schwärmen auch Buddhisten von grossartigen erreichten Zielen und erreichtem Glück. Aber die Libido zu veröden ist bestimmt eine schlechte Voraussetzung, um Wahrheiten zu erkennen. Ob buddhistische Wahrheiten nicht auch wie Blasen platzen, wenn man sie anpustet?

Die Neurologie, auf die sich Buddhisten gern berufen, lehrt, dass sich wiederholende Erfahrungen, wiederholtes Tun und Denken, aber leider auch psychische Störungen wie Depressionen im Hirn relativ dauerhafte Repräsentanten oder Neuronen-Netzwerke schaffen. Diese für bestimmte Reaktionen, Empfindungen usw. abrufbaren Netzwerke stehen im gelungenen Fall für ein als Lösung bewährtes Verhalten. So kann zum Beispiel schneller auf bekannte, lebensbedrohliche Situationen reagiert werden, wenn auf diese Repräsentanten zurückgegriffen wird. Buddhisten nutzen diese Möglichkeit fleissig und manipulieren ihr Hirn durch aufwändiges Üben.

Damit werden aber die vordem störenden Netzwerke nur überspielt, ins Unterbewusstsein abgedrängt. Die Möglichkeit der Bildung neuer Neuronen-Netzwerken kann also zu Hirnwäschen genutzt werden.

Das Ziel der meisten Meditierenden ist, ihr Leid zu fliehen, in dieser rastlosen Welt etwas Ruhe zu finden. Aufgrund dessen finden sich Buddhisten gern im Nirwana oder Nichts wieder, wo sie eben weder ihre Körper noch all die anderen Attribute mehr sind. Den finalen Lohn ihrer Bemühungen sehen sie darin, nur noch wie Hirne in einer Nährlösung zu existieren. Dies ist anscheinend auch dem Neurophysiologen und Psychologen Niels Birbaumer das erstrebenswerteste Ziel, was in seinem Buch «Dein Gehirn weiss mehr, als du denkst» zu lesen ist. Darin lehrt er uns im letzten Satz:

Das Gehirn kann alles – auch das Nichts.

(Niels Birbaumer/Dein Gehirn weiss mehr, als du denkst
Ullstein 37594/S. 260)

Erstaunlich! Und bilden sich dazu noch dauerhafte Repräsentanten, wird man immer leichter dahin gelangen. Bedenkt man es allerdings umfassender, braucht es für das Nichts nicht mal ein Hirn.

Birbaumer hat eine grosse Affinität zur Philosophie Arthur Schopenhauers, der, ähnlich den Buddhisten, eine Abkehr vom Leben lehrt. Das grosse Ziel dieses Philosophen war es, den Willen in sich abzumurksen. Der erhält nach ihm die Welt und bindet uns mit schweren Ketten an sie, selbstverständlich vor allem durch sexuelles Begehren, der dicksten aller Ketten. So soll nach ihm dieser Wille erlöschen:

... wie eine Kerze, die keine Luft mehr bekommt.

Niels Birbaumer/Dein Gehirn weiss mehr, als du denkst
Ullstein 37594/S. 255/Schopenhauer zitiert)

Ich habe dabei vor Augen, wie der grosse Philosoph während eines Aktes den Atem anhält, sich zum Stock versteift, was es ja auch zu sehen gibt, er seinem Ziel sehr nahekommt, der Wille ihn dann aber leider Gottes wieder nach Luft japsen lässt. Sollte dies bei ihm tatsächlich der Fall gewesen sein, versteht sich sein Verlangen, sich von der Fessel dieses Willens zu befreien. Und wie Birbaumer meint, soll der Wille uns ja doch nur zu Sex und Drogen verführen. Nach seiner Befriedigung bleibt uns dann doch nur, wie er uns belehrt, Enttäuschung und Langeweile zurück. Er schreibt:

Haben wir aber das Ziel erreicht, überfällt uns die Lange-
weile, bis sich schliesslich abermals der Wille erhebt und
alles von vorne losgeht.

(Niels Birbaumer/Dein Gehirn weiss mehr, als du denkst
Ullstein 37594/S. 254)

Der Wille treibt die beiden also zu Sachen, die sie, um sich ihre Ruhe zu bewahren, besser nicht wünschen sollten. Dasselbe lehrt auch eindringlich der Buddhismus, wenn er rät, an nichts anzuhaften. Vielleicht sollte man daher aus purer Vorsicht Therapeuten und Meister erst mal tanzen sehen, um sich zu vergewissern, nicht in die Leere geführt zu werden.

Selbstverständlich wird auch vom Nirwana gesagt, dass es das höchste Glück und erstrebenswerteste Ziel sei. Aber solche Versprechen machen sie alle, die lehren, Teile von sich abzuspalten, ob diese Versprechen nun im Diesseits oder in einem Jenseits erfüllt werden sollen. Da machen selbst blutige Geissler keine Ausnahme!

Erstaunlicherweise ist in Birbaumer`s Buch Nietzsche im Vorwort zweimal erwähnt, als ob von ihm später gross die Rede wäre. Das verführte mich, es zu kaufen. Aber dann ist darin von ihm einzig zitiert, dass die Mutter der Moral die Angst sei. Kein Wort davon, dass er sich, ehemals der Philosophie Schopenhauers zugetan, bald vehement gegen dessen Verneinung des Lebens wandte. Angst ist eben auch die Mutter von Schopenhauers Philosophie, von der Birbaumer als Buddhist offenbar sehr angetan ist.

Herren wie Schopenhauer und Birbaumer sind ihrem Glück, ganz zu erlöschen «wie eine Kerze, die keinen Sauerstoff mehr bekommt», schon von vornherein nah – sie lehren Philosophien der orgastischen Impotenz, unfähig, einen Orgasmus glücklich fliessend zu erleben. Danach bleiben sie offenbar unbefriedigt zurück und basteln sich daraus ihre Philosophie.

Nietzsche sprach nach seiner Abkehr von Schopenhauer ein klares Ja zum Leben, selbst zu den Schrecken des Prozesses. Ängste zuzulassen lehrt uns am meisten über uns. Allerdings nicht durch distanziertes Beobachten, wie dies im Zazen praktiziert wird. Damit bricht man Verdrängtem nur die Spitzen, was zwar Besserung bringen kann, aber das eigentliche Übel bleibt unterbewusst liegen. Man lässt sich eben ungern im Ozean treiben, wie es Odysseus' Schicksal war – der dadurch seine Seele rettete. Ich muss jedoch gestehen, dass ich wenig über die Tradition von Fusstritten und Stockschlägen weiss, die Zen-Meister ihren Schülern verpassen sollen. Im Westen wird darüber auch meist geschwiegen.

Birbaumer mag für seine Therapien einige gute Ansätze haben. So bezweifelt er, dass durch Reden zum Kern von starken Ängsten durchgedrungen werden kann, was Psychoanalytiker uns weismachen wollen. Er konfrontiert seine Klienten daher mit realen Situationen, in der Überzeugung, dass das Gehirn zur Heilung genauso tief aktiviert werden muss, wie es beim traumatisierenden Ereignis der Fall war. Diese Tiefe wird allerdings kaum erreicht, wenn die Libido mithilfe buddhistischer Meditationen teils erstickt wird. So ist folgerichtig auch bei Birbaumer kaum von mehr die Rede als vom Hirn.

Nun fragte ich mich schon, wie es diesen Meditierenden er-
gehen würde, wenn sie sich nicht täglich ins Nichts flüchten
würden. Vielleicht unterscheiden sie sich in ihrer Abhängigkeit
ja nicht allzu sehr von uns «Lüstlingen» und haften ihrer Flucht
vor dem Leben kaum weniger an als wir unseren Lüsten.

Aber Birbaumer weiss, dass dank Hoffnungslosigkeit und
Wunschlosigkeit der Zen-Buddhismus ein Leben voller Friede,
Freude und Mitgefühl verspricht. Dieses Versprechen soll sich
auch bei Locked-in-Patienten erfüllen (deren körperliche Funktionen sind weitgehend tot und sie müssen künstlich beatmet
und ernährt werden), sofern sie mit der Zeit ihre Erwartungen
im Positiven wie im Negativen aufgeben. Sie sollen dann im
Schnitt glücklicher sein als Gesunde. Es hat also, wer noch
einen Körper mit sich rumzuschleppen hat, nach buddhistischer
Lehre die schlechteren Karten als diese jeder Willkür
ausgesetzten armen Teufel, die auch nur so lange existieren
können, wie genügend Gelder für sie aufgebracht werden und
man die Schläuche nicht entfernt. Aber Buddhisten werden
noch von ihnen lernen!

Der Verführung zu diesem «Nichts» oder zur «Leere» sollte
endlich eine Neuropsychologie entgegengestellt werden, die
den Körper miteinbezieht!

Eventuell sind ja sämtliche philosophischen und psychologischen Lehren irgendwelcher Art grundsätzlich in zwei
Gruppen einzuordnen. Einerseits wären da diejenigen, die
vorgeben, mittels Selbstkontrolle und Zwängen Grossartiges zu
erreichen. Denen diametral entgegengesetzt sind die wenigen,
die ihre Konditionierungen mit dem Ziel zu durchbrechen
versuchen, aufzuräumen mit dem «Schrecklichen, scheinbar
nur Widerwärtigen, das unter allem Seienden gilt», um
nochmals Rilke zu zitieren. Ihr Ziel ist, ihren angeborenen,
gesunden Kern zu leben und nicht die aus der Verdrängung der
Libido entstandenen Ängste und Perversitäten zu übertünchen.

Es ist jedoch immer wieder erstaunlich zu beobachten, wie gegensätzlich Lehren unbedacht vermischt werden.

Nun entdeckte der schon erwähnte Neurobiologe Professor Dr. med. Joachim Bauer, was er uns in seinem Werk «Selbststeuerung – Die Wiederentdeckung des freien Willens» erklärt, dass wir frei sind, falls es uns gelingt, uns durch das «Top-down System» glücklich und ausgewogen zu steuern. Dieser Freiheit näherte man sich allerdings schon in alten Zeiten. Man versuchte schon damals, Kinder dazu zu erziehen, indem man ihnen riet, sich in Zukunft mehr zusammenzunehmen. Und wenn nötig, wurden sie auch mal gröber aufgefordert, sich in den Arsch zu kneifen oder die Finger da rauszunehmen usw. Und wenn immer es nötig schien, ihr «Top-down-System» nachhaltiger auszubilden, trat man sie auch mal da hin. Jedoch war man der Freiheit trotz aller Bemühungen noch fern, bis Bauer erkannte, dass Selbstkontrolle mit Bedacht zu geschehen hat. Zu untersuchen wäre allerdings noch, ob unser «Top-down-System» nicht vielleicht allzu kräftig ausbildet wurde, teilte man doch über Jahrtausende heftige Tritte und Schläge aus.

Selbstverständlich beschreibt Bauer diese Freiheit, wie auch den Weg dahin, nicht in schnoddriger Art, wie ich dies tue. Das Ganze untermauert er mit viel Psychologie:

Zum grossen Projekt der Aufklärung gehört auch die Erforschung unserer inneren Realität. Nur so können die Sphäre der Vernunft und die von ihr ermöglichten Steuerungsmöglichkeiten auch nach innen hin erweitert werden. «Wo ‹Es› war, soll ‹Ich› werden» war eine der zentralen Ansagen Sigmund Freuds, des bedeutendsten unter den Pionieren der Erforschung des Unbewussten.

(Dr. med. Joachim Bauer/Selbststeuerung/Die Wiederentdeckung des freien Willens/S. 27)

Nun ja, wieder mal soll Freud der Grosse sein. Aber wir begegneten auch schon anderen Meinungen, wie z. B. derjenigen von Peter Sloterdijk:

Mit dem Idiotismus des Ichs hat es die Aufklärung in letzter Instanz zu tun.

(Peter Sloterdijk/Kritik der zynischen Vernunft/Erster Band edition suhrkamp 1099/S. 155)

Das wusste oder ahnte schon Homer, erzählt er doch, wie Odysseus das eine Auge mitten in der Stirn des Zyklopen blendete, ebendieses «Top-down-System», worauf er, von Poseidon verfolgt, im Unterbewusstsein umhergejagt wurde. Dabei lernte Odysseus das Unterbewusstsein bestimmt besser kennen, als dies Freud gelang.

Nun wird die digitale Intelligenz, die unsere in nicht allzu ferner Zukunft in manchen Bereichen übertreffen. Daher haben wir uns baldmöglichst zu entscheiden, wie wir unsere Zukunft gestalten wollen. Wir sind vor die Wahl gestellt, ob wir uns für einseitige Intelligenz und anhaltenden Fortschritt entscheiden, wir uns also gut buddhistisch geschult zu weitgehend gefühllosen, doch immerzu lächelnden Cyborgs umgestalten, gut angepasst, mit KI-Schnittstellen im Hirn, oder ob wir uns für unser Leben und für unsere leider nicht immer zuverlässigen Emotionen und Gefühle entscheiden. Zu diesen, den energetischen Paradiesen, hätten wir freilich erst wieder zurückzufinden. Dazu wäre allerdings unsere Welt neu einzurichten, da wir unter den herrschenden Verhältnissen zu unserem Vorteil doch besser das Nichts wählen.

Es ist ein Fluch! Wir haben in unserer Literatur die aufrichtigsten und besten Lehren der Welt – aber die Akademie, der Kafka doch einen Bericht schrieb, will weder hören noch verstehen.

10

K.s Regression in die Säuglingszeit. Die ferne Insel der Kalypso. Der gichtige Vorsteher steht wohl kaum mehr vor.

Mein Bruder, wenn du Glück hast, so hast Du Eine Tugend und nicht mehr: so gehst Du leichter über die Brücke.

(Friedrich Nietzsche/Also sprach Zarathustra)

K., der Protagonist in Kafkas «Schloss», kam nach langer Wanderung durch eine verschneite Landschaft in ein Dorf, das einem Schloss zugehörte. Bevor er das Dorf betrat, stand er lange Zeit auf der von der Landstrasse zum Dorf führenden Holzbrücke, eine der Brücken, die zu einem anderen Seins-Zustand hinüberführt. «Der Prozess» nimmt im «Schloss» eine neue Qualität an.

«Das Schloss» ist genauso ein inneres Schloss wie «Die innere Burg» von Teresa von Ávila. So bekam K. vom Schloss, respektive vom Beamten Klamm, bald eine Anstellung als Landvermesser, führte jedoch nie eine solche Arbeit aus, sondern vermass innere Welten.

Nach der ersten im Dorf verbrachten Nacht versuchte K. anderntags erfolglos zum Schloss zu gelangen. Obwohl es sich gut sichtbar auf dem nahe gelegenen Hügel oberhalb des Dorfes befand, führte für ihn kein Weg dahin. Er irrte immer nur am Fusse des Schlossbergs entlang und suchte vergebens einen Weg, um zum dort wohnenden Grafen zu gelangen, der irgendwie mit einem Turm verbandelt war. Die Beschreibung des Turms erinnert sehr an einen Penis, schliesslich ein gängiges Verständnis eines Turms. Dass es sich tatsächlich darum handelt, zeigt uns die Antwort des Dorflehrers. Als K.

ihn in Gesellschaft seiner Schüler fragte, ob er den Grafen kenne, antwortete ihm dieser in für die Schüler unverständlichem Französisch, dass K. Rücksicht auf die unschuldigen Kinder nehmen soll.

Und so ist der Turm beschrieben, was ich teils schon zitiert habe:

Der Turm hier oben – es war der einzig sichtbare – der Turm eines Wohnhauses, wie es sich jetzt zeigte, vielleicht des Hauptschlosses, war ein einförmiger Rundbau, zum Teil gnädig von Efeu verdeckt, mit kleinen Fenstern, die jetzt in der Sonne aufstrahlten – etwas Irrsinniges hatte das –, und einem söllerartigen Abschluss, dessen Mauerzinnen unsicher, unregelmässig, brüchig, wie von ängstlicher oder nachlässiger Kinderhand gezeichnet, sich in den blauen Himmel zackten. Es war, wie wenn ein trübseliger Hausbewohner, der gerechterweise im entlegensten Zimmer des Hauses sich hätte eingesperrt halten sollen, das Dach durchbrochen und sich erhoben hätte, um sich der Welt zu zeigen.

(Franz Kafka/Das Schloss/Reclam 9678/S. 14)

Für K. führte also kein Weg zum Schloss und Turm. Anderseits fand zwischen Dorf und Schloss, wie erzählt ist, ein reger Verkehr von Beamten und ihren Dienern statt. Auch K.s Bote Barnabas ging diesen Weg öfters. Bei Kafka finden sich derartige Widersprüche zuhauf! Fraglos will er damit jeweils auf einen hintergründigen Sinn aufmerksam machen. Hier sind für K. unüberwindbare, psychosomatische Widerstände dargestellt. Barnabas, als Personifizierung des Thyrsos, wie ich noch zeigen werde, war dagegen der Weg zum Schloss nicht verschlossen. Damit verweist Kafka auf die Kraft, mit der Widerstände überwunden werden könnten, die Barnabas jedoch nur ungenügend aufbrachte. Sie war durch seine in der Kindheit erfahrene Not weitgehend verschüttet. Und Kafka zeigt uns darauf auch, was unter anderem diese psychischen Widerstände verursachte.

Gegen Abend, müde geworden, wurde K. auf seine Bitte hin in ein Haus eingelassen. Da sass eine Frau mit einem schlafenden Säugling an der Brust, die K.s spezielles Interesse erregte:

Und unerwartet für jedermann kehrte sich K. förmlich in einem Sprunge um und stand vor der Frau. Aus müden, blauen Augen blickte sie K. an, ein seidenes, durchsichtiges Kopftuch reichte ihr bis in die Mitte der Stirn hinab, der Säugling schlief an ihrer Brust. «Wer bist du?», fragte K. Wegwerfend – es war undeutlich, ob die Verächtlichkeit K. oder ihrer eigenen Antwort galt – sagte sie: «Ein Mädchen aus dem Schloss.»

(Franz Kafka/Das Schloss/Reclam 9678/S. 19)

Wie diese Mutter beschrieben ist, lässt vermuten, dass ihr Kopftuch, das ihr bis mitten in die Stirn hinabreichte, auf ihre Verfassung hinweist, auf einen beeinträchtigten, tauben Stirnlappen. Daran lassen auch ihre müden Augen denken. Vom Schloss, woher diese Mutter stammte, kam ja auch der für K. zuständige Beamte Klamm. Und dessen Einfluss auf K. erklärt uns Kafka unbeschönigt, verlief doch K.s erstes Liebeserlebnis mit Frieda in der Nähe Klamms herzzerreissend:

Was bedeutete zum Beispiel die bis jetzt nur formelle Macht welche Klamm über K.s Dienst ausübte, verglichen mit der Macht, die Klamm in K.s Schlafkammer in aller Wirklichkeit hatte.

(Franz Kafka/Das Schloss/Reclam 9678/S. 65)

Diese Macht in K.s Schlafkammer hatte ihren Hauptsitz im Schloss, woher der Beamte Klamm stammte. Und von da kam auch diese Mutter, die sich als Mädchen vom Schloss bezeichnete. Es ist also anzunehmen, dass sie vom Schloss gezeichnet ist. Wie man später erfährt, ist sie auch die Mutter des Schuljungen Hans, also schon längst kein Mädchen mehr, wie Kafka sie sagen lässt. Dieses Rätsel löst sich vielleicht durch das Märchen von Dornröschen. Obwohl schon Mutter, wurde sie noch von keinem Prinzen erlöst, gefangen hinter kaum zu durchdringenden Dornenhecken und Schlossmauern, in einen hundertjährigen Schlaf versetzt. So blieb sie das unreife Mädchen und wurde zur teilnahmslosen Mutter, unfähig, den nötigen Kontakt zu ihrem Kind herzustellen, der zu dessen Entwicklung notwendig gewesen wäre. Kafka schreibt:

... die Frau im Lehnstuhl lag wie leblos, nicht einmal auf das Kind an ihrer Brust blickte sie hinab, sondern unbestimmt in die Höhe.

K. hatte sie wohl lange angesehen, dieses sich nicht verändernde schöne traurige Bild ...

(Franz Kafka/Das Schloss/Reclam 9678/S. 18)

K. traf auf diese Mutter, nachdem ihm unmöglich war, ins Schloss und zum Grafen zu gelangen. Er erkannte jedoch dabei den ihn daran hindernden Widerstand. Die erste Ursache dessen war wohl diese dissoziierte Mutter, die vom Säugling weg in ferne Höhen blickt, der Erde entfremdet, wie auch mal Heilige dargestellt sind. Dass Kafka mit dieser Begegnung zeigt, dass es um eine Auseinandersetzung mit im Säuglingsalter verursachten Störungen geht, zeigt er uns mit Friedas Worten, mit denen sie später ihre Trennung von K. begründete:

Nach der Wirtin endete mein Glück, fragwürdiges und doch sehr wirkliches Glück, mit dem Tage, an dem du endgültig einsahst, dass deine Hoffnung auf Klamm vergeblich war. Nun aber wartest du nicht einmal mehr auf diesen Tag; plötzlich kommt ein kleiner Junge herein, und du beginnst mit ihm um seine Mutter zu kämpfen, so, wie wenn du um deine Lebensluft kämpftest.

(Franz Kafka/Das Schloss/Reclam 9678/S. 173)

Der kleine Junge ist Hans, der Bruder des Säuglings der vom Schloss stammenden Mutter. Über ihn versuchte K. zu dieser Mutter zu gelangen. Und kämpfte K. um sie wie um seine Lebensluft, zeigt uns Kafka, dass Atemprobleme schon durch eine unaufmerksame, den Säugling ungenügend umsorgende Mutter verursacht werden können. Dazu vermute ich, dass der Säugling auf Mutters Schoss schlafend dargestellt ist, weil Erinnerungen an diese frühe Zeit immer traumhaft bleiben, wenig mehr als Ahnungen und Vermutungen.

K. wurde auch bald von zwei Männern von der Mutter mit Säugling weggezogen und vors Haus gestellt. Einer der beiden Männer war Brunswick, der Ehemann dieser Mutter. Einen Schreier nennt ihn Kafka an anderer Stelle, wohl in Gedanken an seinen eigenen lauten Vater. Der stellte ihn auch mal auf den Balkon, um den quengelnden Buben für eine Weile los zu sein – woraus allerdings kein glaubwürdiger Kafka-Code gestrickt werden kann. Der riecht etwas abgestanden nach Psychoanalyse.

Sollten als Ursache von Kafkas Verletzungen also auch negative Einflüsse der Mutter berücksichtigt werden, obwohl kein vergleichbarer Brief wie der an den Vater gerichteten zur simplen Analyse vorliegt? In seinen Romanen ist von einer zerstreuten Mutter, die ihrem Kind nicht gerecht wird, mehrfach die Rede.

Diese schon in der Säuglingszeit angebahnte Entfremdung erlebte K. in seiner ersten Liebesnacht mit Frieda wieder. Er fühlte sich mit ihr, gemeinsam auf dem Fussboden eines Ausschanks in stinkenden Bierpfützen rollend, und im Nebenzimmer Klamm, noch fremder als Odysseus auf der fernab gelegenen Insel der Göttin Kalypso. Da sass der Held tagsüber am Meeresstrand, Tränen vergiessend aus Sehnsucht nach seiner Frau Penelope und seiner Heimatinsel. Die Nächte verbrachte er etwas frustriert im Bett der Göttin. Von ihrer Insel brach er schliesslich zur Odyssee auf. Und die Entscheidung der olympischen Götter, dass Kalypso Odysseus freizugeben habe, überbrachte ihr Hermes! Und so beschreibt Kafka, der sich selbst mal Epigone nannte, die gefühlte Entfremdung während K.s erster Liebesnacht mit Frieda:

... er verirre sich oder er sei so weit in der Fremde, wie vor ihm noch kein Mensch, einer Fremde, in der selbst die Luft keinen Bestandteil der Heimatluft habe, in der man vor Fremdheit ersticken müsse und in deren unsinnigen Verlockungen man doch nichts tun könne als weiter gehen, weiter sich verirren

(Franz Kafka/Das Schloss/Reclam 9678/S. 48)

Nach dieser Nacht hatten er und Frieda den Herrenhof zu verlassen und bezogen ein kleines Zimmer im Brückenhof. Dieses Gasthaus versinnbildlicht, wie schon bemerkt, das Bauchsegment. K. hatte sich also ins Gekröse zu greifen, um ins Schloss, zu Graf und Turm, zu gelangen. Dahin zu kommen ergäbe eine veränderte Situation, wohin die erwähnte Brücke im Namen des Gasthofs führen könnte. K. war es jedoch nicht möglich, da er sich zu sehr entfremdet war. Der Griff ins Gekröse gelang ihm nicht hinreichend. Diese Erfahrung im Kopf schreibt Kafka, unsere geschichtliche Entwicklung betrachtend, in «Forschungen eines Hundes»:

... aber die Hunde (unsere Urväter) waren, ich kann es nicht anders ausdrücken, noch nicht so hündisch wie heute, das Gefüge der Hundeschaft war noch locker ... und jenes Wort war da, war zumindest nahe, schwebte auf der Zungenspitze. Jeder konnte es erfahren; wo ist es heute hingekommen, heute könnte man schon ins Gekröse greifen und würde es nicht finden.

(Franz Kafka/Forschungen eines Hundes/Fischer Klassik 90371/S. 397)

Im Brückenhof wohnend, wurde K. bald mit weiteren Hindernissen konfrontiert. Der für ihn zuständige Klamm unterstellte ihn dem gichtkranken Dorfvorsteher. Damit zeigt uns Kafka eine psychosomatische Erkrankung. Während des Gesprächs mit K. lag der Dorfvorsteher seinem Schicksal ergeben krank im Bett, umsorgt von seiner blassen Frau Mizzi. Ein eingespieltes Paar, das im Bett, ausser sie waren mit Salben beschäftigt, wohl kaum mehr aktiv war. An erfreulichere Zeiten erinnern nur noch ihre Namen. So ist Mizzi ein anmutiger Kosename, nachts im Bett geflüstert, die Hand auf die intimste, allerdings unrasierte Stelle gelegt. Aber öffentlich gesagt wirkt der Name etwas anstössig, vor allem wenn ihr Mann der Vorsteher ist.

Entschlossen, sich diesem kranken Vorsteher nicht zu unterstellen, da er wohl kaum mehr vorstand, verlässt K. die beiden nach längerem Gespräch und eilte mit den Gehilfen zurück zum Brückenhof. Da traf er die Wirtin zum zweiten Gespräch, das sich teils um Klamm und die durch ihn verursachten körperlichen Beschwerden drehte, die man sich durch Treue und Gehorsam dem Schloss und ihren Beamten gegenüber einbrockte. So meinte K. zur Wirtin:

« ...ohne Klamm wären Sie nicht gleichgültig gegen das Leben gewesen, hätten also Hans nicht geheiratet ... Es geht aber noch weiter. Hätten Sie nicht Vergessen gesucht, hätten Sie gewiss nicht so rücksichtslos gegen sich selbst gearbeitet und die Wirtschaft nicht so hoch gebracht. Also auch hier Klamm. Aber Klamm ist auch noch, abgesehen davon, die Ursache Ihrer Krankheit, denn Ihr Herz war schon vor Ihrer Heirat von der unglücklichen Leidenschaft erschöpft.»

(Franz Kafka/Das Schloss/Reclam 9678/S. 92)

Kafka war sich der Ursachen psychosomatischer Erkrankungen als Folge von Verdrängungen und daraus resultierendem schädlichen Verhalten durchaus bewusst – und auch, dass berufliche Erfolge oft nur auf Kosten eines gesunden, glücklichen Lebens erreicht werden.

In sein Werk sind bestimmt auch Träume mit eingeflossen, aber das Unterbewusstsein stellt keine derartigen Zusammenhänge her, wie sie in seinem Werk zu finden sind. Dass Kafka bemerkte, er habe «Das Schloss» wie halb im Traum geschrieben, heisst nicht, dass er sich der Zusammenhänge des Prozesses nicht bewusst ist. Davon erzählt er ja schon in seinem früheren Roman «Amerika» oder «Der Verschollene». Er wusste also darum, bevor er «Das Schloss» schrieb. In Unkenntnis des Prozesses wird man sich Kafkas Werk freilich nur als niedergeschriebene Träume vorstellen können, als vom Unterbewusstsein eingeflüsterte Geschichten. Das soll ja Künstlern widerfahren, die man dann gern analysiert. Aber genauso präzise wie seine Sprache ist seine Darstellung des Prozesses!

11

Regression in die Schulzeit. Kafkas Knotenstock und die Schlangenkraft.

Hätte sich der Schöpfer anders besonnen, und wäre Kafka in Asien geboren: Millionen klammerten sich an seine Worte und grübelten über sie, ihr Leben lang.

Kurt Tucholsky

Nach dem zweiten Gespräch, vom Brückenhof verjagt, war K. genötigt, eine Stelle als Schuldiener zu erdulden. Da wurde er von Lehrer und Lehrerin wiederum gepiesackt – eine erbärmliche Zeit der Aufarbeitung durchlittener Schuljahre! Was länger zurücklag, die geistesabwesende Mutter mit dem schlafenden Säugling, war ihm offenbar wegen der in späteren Jahren erlebten Schulzwänge und Ängste nicht ganz greifbar. Er hatte vorerst in zeitlich weniger lang zurückliegenden Erlebnissen auszumachen, was ihm den Weg zur Mutter, und damit zum Grafen und Turm, ausserdem versperrte.

Im Normalfall sind es viele sich folgende unheilvolle Erlebnisse, die unsere Widerstände bilden. Ein einzelnes Erlebnis wird sich kaum auf Lebenszeit festsetzen können, da die kathartischen Möglichkeiten in der Regel noch nicht verloren gingen. Das Kind kann auf Angst und Schrecken noch weinend reagieren. Ich glaube, wir sind durch unsere Natur gegen vieles gefeit und es bedingt einer ganzen Kaskade sich folgender schrecklicher Erlebnisse, damit Widerstände chronisch werden. Jahre in Schulbänken abzusitzen ist insofern gewiss auch sehr bildend. Und darum liess Kafka K., Frieda und die beiden Gehilfen in einem Schulzimmer wohnen, um diese vergangene, prägende Schulzeit aufzuarbeiten. Als sie am Morgen nach der ersten im Schulzimmer verbrachten Nacht am Aufräumen waren, klopfte es leise an die Türe:

«Barnabas!», schrie K., warf den Besen hin und war mit einigen Sätzen bei der Tür. Über den Namen mehr als über alles andere erschrocken, sah ihn Frieda an.

(Franz Kafka/Das Schloss/Reclam 9678/S. 153)

Es war jedoch nicht Barnabas, sondern der Schuljunge Hans, der Sohn der Mutter mit dem Säugling und des Schreiers Brunswick, der sich aus der Schulstunde davongestohlen hatte.

Hans empfand wegen der Schikanen der Lehrerin Mitleid mit K. und bot ihm seine Hilfe an. In der Zeit der Pubertät und Adoleszenz sollte sich unsere Libido zu ihrer ganzen Grösse auswachsen. Da dies durch unsere Zivilisierung in der Regel verhindert wird, ist in diese Zeit zurückzugehen, um ihre Entwicklung nachzuholen. Dafür steht Hans.

Warum aber erschrak Frieda bei der Erwähnung Barnabas'? Ist auf ihn zu warten oder zu hoffen bedrohlicher, als Klamm zu erreichen versuchen, oder an ihm vorbei zu gelangen? Barnabas' Familie war im Dorf verrufen. Lebte sie in einer anderen Welt, in die K. hätte hineingezogen und Frieda damit noch mehr entfremdet werden können? Vordem versuchte K. seine Probleme durch, oder an Klamm vorbei, zu lösen, beackerte also seine Widerstände. Schreckte Frieda vor Neuem, Bedrohlicherem zurück, als es ist, gegen den Widerstand Klamm anzugehen? Stellt Barnabas etwas dar, wogegen sich das Dorf insgesamt wehrte? Wie sagt doch Goethe:

Ja, was man so erkennen heisst!
Wer darf das Kind beim Namen nennen?
Die wenigen, die was davon erkannt,
Die töricht g'nug ihr volles Herz nicht wahrten,

Dem Pöbel ihr Gefühl, ihr Schauen offenbarten,
Hat man von je gekreuzigt und verbrannt.

Sollte K.s Bote Barnabas und die beiden Gehilfen den Thyrsos personifizieren, fürchtete sich Frieda mit Recht! Mit Barnabas stellt sich eine neue Kraft zwischen sie und K., die Kraft, mit der Klamm oder die Widerstände einzig überwunden werden könnten, aber dabei die emotionelle Pest offenlegen würde – die Schlangenkraft!

Friedas Schrecken und Abneigung gegen Barnabas fügt sich da ein, dass der «Pöbel» gern diejenigen kreuzigt oder verbrennt, die von energetischen Erlebnissen berichten. Dadurch könnten schwerwiegende Missstände sichtbar gemacht und Verdrängtes aufgestört werden. Man fürchtet die Erkenntnis unseres entfremdeten Zustands mit Recht; denn werden Widerstände aufgebrochen, dringen unter anderem Hass, Wut und letztlich beissende Angst ins Bewusstsein. Dies fürchtend, wird der «Pöbel» gefährlich, da er versuchen wird, diese ungeheuerliche Angst durch Projektionen zu fliehen. Dazu dienen dann vermeintliche Feinde, auf die man die höchst persönlichen Ängste projiziert. Vor ihnen fürchtet man sich dann in er-träglichem Mass. Und man hasst sie und kann an ihnen auch seine vom Unterbewusstsein herdrängende Wut kühlen. Die bedrohlichen persönlichen Gefühle sind damit abgedeckt. So wird der Pöbel manipulierbar, ist er doch damit zufrieden, wenn ihm ein Feind gezeigt wird.

Erhoffte K., dass Barnabas kommt, trat aber stattdessen der junge Hans ein, lässt Kafka damit die Absicht erkennen, dass wir Barnabas und Hans psychologisch verbandelt verstehen sollen. Auf eine Botschaft vom Schloss hoffend, rief K. Barnabas' Namen. Nun hat es diese Schlangenkraft aber in sich, eigenständig erforderliche Wege zu gehen, der Heilung einer Wunde ohne unser aktives Zutun vergleichbar. In der Mythologie begegnen wir einem inneren Führer, der diese den Prozess lenkende Kraft darstellt. Dem entsprechend meint Reich in «Die Funktion des Orgasmus»:

Man ist überrascht, wie «logisch» der Körper sich den Gesamtreflex zusammensucht.

(Wilhelm Reich/Die Funktion des Orgasmus/Kiwi 122/S. 250)

Da Schulbänke für eine gesunde sexuelle Entwicklung denkbar schlechte Plätze sind, hatte K. in diese Zeit zurückzugehen. Und anstelle von Barnabas, dem personifizierten Thyrsos, erschien der Schüler Hans – eine notwendige Regression in die Zeit des Beginns der Pubertät – von der Schlangenkraft dahin gelenkt, um die in der Schulzeit verhinderte Reifung der Libido nach-zuholen. Aufgrund dessen erzählen auch die ersten Kapitel der «Odyssee» wenig von Odysseus selbst, sondern vorwiegend von seinem Sohn Telemachos. (Der ist allerdings etwas älter als Hans.) Dies zeigt, dass man den libidinösen Aufruhr der Pubertätszeit wieder aufzunehmen hat, um die Reifung der Libido zu bewirken. Anstatt man also das Kind in sich zu befreien hat, wie heute in vieler Munde ist, tut man dies mit dem gebrochenen Schüler in sich.

Und dass die Rede vom Thyrsos ist, zeigt uns Kafka damit, dass K. nach der Unterhaltung mit dem Jungen ihm einen noch schöneren Knotenstock als seinen eigenen zu schnitzen ver-sprach. Und es war dieser Stock, der Hans eigentlich einzig interessierte, trotz vorausgehendem, längerem Gespräch zwi-schen den beiden. K. konnte also, wenn überhaupt, nur mithilfe des Hans versprochenen Knotenstocks zur Mutter mit Säugling gelangen. Die Bedeutung, die Kafka diesem Stock gibt, lässt sich auch an den Gedanken ermessen, die sich Hans von K. machte:

Die gegenwärtige Lage K.s war keineswegs beneidenswert, sondern traurig und verächtlich, das sah auch Hans genau, ... er selbst hätte am liebsten die Mutter vor jedem Blick und

Wort K.s bewahren wollen. Trotzdem aber kam er zu K. und war glücklich, wenn K. zustimmte ... Aus diesem Widerspruch entstand in ihm der Glaube, jetzt sei zwar K. noch niedrig und abschreckend, aber in einer allerdings fast unvorstellbar fernen Zukunft werde er doch alle übertreffen.

(Franz Kafka/Das Schloss/Reclam 9678/S. 162)

Eine derart tiefreichende Wandlung kann nur ein Zauberstab leisten. (Der Thyrsos wurde schon bei Goethe zum Knotenstock, den Kafka von ihm übernommen haben wird. Rilke schreibt dann nur noch von einem Stock, der allerdings höchst verwunderliche Eigenschaften hat, die ihn leicht als Thyrsos erkennen lassen, was ich noch zeigen werde.)

Und dass Kafka sich durchaus bewusst war, in tiefsten Abgründen seiner Psyche zu graben, zeigt er uns in der Antwort K.s auf Friedas Vorwurf und Rechtfertigung ihrer Trennung:

«... plötzlich kommt ein kleiner Junge herein, und du beginnst mit ihm um seine Mutter zu kämpfen, so, wie wenn du um deine Lebensluft kämpftest.»

(Franz Kafka/Das Schloss/Reclam 9678/S. 173)

Worauf K. zur Antwort gab:

«Du hast mein Gespräch mit Hans richtig aufgefasst», sagte K. *«So war es wirklich. Ist aber denn dein ganzes früheres Leben für dich so versunken ... dass du nicht mehr weisst, wie um das Vorwärtskommen gekämpft werden muss, besonders wenn man von tief unten herkommt?»*

(Franz Kafka/Das Schloss/Reclam 9678/S. 173)

12

Zucken, zappeln und abermals der Orgasmusreflex. Elektrische Schläge und das Feuer des Prometheus. Der Kindlingeffekt.

Jede Wende zum Besseren erschüttert den Körper in Krämpfen wie Geburt und Tod.

(Henry David Thoreau)

Werden muskuläre Verspannungen aufgeweicht, hat dies neben freigesetzten Gefühlen oft unwillkürliche Körperbewegungen zur Folge. Von Kafka wissen wir, dass er diese beabsichtigte und damit seinen Prozess injizierte, indem er Gesichtsmuskeln künstlich zusammenzucken liess – worauf es ihn dann noch öfters «bewegte». Diesen Weg verfolgte Wilhelm Reich in seiner Vegetotherapie, mit dem Ziel, den Orgasmusreflex zu wecken. Dieser kann anfangs derart heftig sein, dass es den Betroffenen zu Boden wirft, was einem Epilepsieanfall sehr ähnlich sieht. Die beidem zugrunde liegende Energie wird dieselbe sein – nur gehen sie bei einem Epilepsieanfall offenbar falsche Wege. Die Heftigkeit eines Epilepsieanfalls kann uns jedoch die des Orgasmusreflexes verstehen lassen.

Im Yoga wird im Zusammenhang mit Kundalini von unwillkürlichen Bewegungen berichtet. Diese waren auch christlichen Mystikern bekannt. Teresa von Ávila, eine spanische Nonne des 16. Jahrhunderts, erwähnt sie in ihrem Buch «Die innere Burg»:

... dass sich ihnen dabei die Brust zusammenpresst und dass es selbst zu unwillkürlichen Bewegungen kommen kann, die so heftig sind, dass ihnen das Blut aus der Nase rinnt und ähnliche unangenehme Dinge sich einstellen.

(Teresa von Ávila/Die innere Burg/Diogenes 20643/S. 67)

Diese unwillkürlichen Bewegungen sind anderseits oft befreiend. Ihnen folgen dann wunderbare Stimmungen – eine «Wende zum Besseren», wie Thoreau meint und sicher auch erlebte. Für Nonnen sind sie freilich weniger bekömmlich, da damit auch starke sexuelle Lust geweckt wird. Der ihnen erlaubte Partner, bei stark eingeschränktem physischem Kontakt, ist z. B. den Bräuten Christi ein längst Verstorbener.

Auch Kafka schreibt in «Forschungen eines Hundes» von unwillkürlichen Bewegungen. Da wirft zu Anfang der Fabel eine Musik den erzählenden Protagonisten, den Lebensrätseln nachforschenden Hund, mit Kraft hierhin und dorthin. Klar ist, dass Musik noch keinen derart umherwarf, weswegen wohl dahinter eine andere Kraft zu vermuten ist. Es wird die hier besprochene Kraft sein, die ja auch mal Musik hören lässt:

> ... war wieder ihre Musik da (Die Musik der sieben tanzenden Musikhunde!), machte mich besinnungslos, drehte mich im Kreis herum, als sei ich selbst einer der Musikanten, während ich doch nur ihr Opfer war, warf mich hierhin und dorthin, so sehr ich auch um Gnade bat, und rettete mich schliesslich vor ihrer eigenen Gewalt, indem sie mich in ein Gewirr von Hölzern drückte, das in jener Gegend ringsum sich erhob, ohne dass ich es bisher bemerkt hatte, mich jetzt fest umfing ...

(Franz Kafka/Forschungen eines Hundes/Fischer Klassik 90371/S. 379)

Es überrascht, dass der forschende Hund das Gewirr von Hölzern zuvor nicht wahrgenommen hatte. Ich sehe damit gezeigt, dass Widerstände, welche den Ausbruch der Libido, den Tanz, vordem verhinderten, nicht wahrgenommen worden sind. Aber die mit dem Tanz geweckten Energien stossen sich jetzt an ihnen, an chronischen Verspannungen, die jetzt schmerzhaft zu spüren sind. Ich vermute, Kafka wurde auch zu diesen Zeilen durch das Märchen von Dornröschen inspiriert – durch die das Schloss umgebenden Dornenhecken, in denen sich Prinzen verhedderten und darin den Tod fanden. Im letzten und dem folgenden Zitat sehe ich Kafkas Darstellung des Orgasmusreflexes, beherrschte der Tanz die Hunde doch mit einer Kraft, die ihnen sogar das Rückgrat hätte brechen können:

> *... wunderte ich mich über ihren Mut, sich dem (Tanz und ohrenbetäubender Musik), was sie erzeugten, völlig und offen auszusetzen, und über ihre Kraft, es, ohne dass es ihnen das Rückgrat brach, ruhig zu ertragen. Freilich erkannte ich jetzt aus meinem Schlupfloch bei genauerer Beobachtung, dass es nicht so sehr Ruhe, als äusserste Anspannung war, mit der sie arbeiteten, diese scheinbar so sicher bewegten Beine zitterten bei jedem Schritt in unaufhörlicher ängstlicher Zuckung, starr wie in Verzweiflung sah einer den anderen an ...*

(Franz Kafka/Forschungen eines Hundes/Fischer Klassik 90371/S. 380)

Ist Kafka vielleicht um vieles weniger prüde als die meisten seiner Rezensenten – und sieht unsere höchsten Werte in Verbindung mit auch dem Häschen eigenem Betragen? Diese Interpretation hat jedoch kaum eine Chance, da das Falsche immer im Vorteil ist, stehen ihm doch unendlich viele «relative» Möglichkeiten der Interpretation offen, was bekanntlich fleissig genutzt wird. Der Wahrheit bleibt jedoch nur eine einzige und offenbar vielen peinliche Interpretation, die dann unwillig verworfen wird.

Sieht man Kindern und Eingeborenen zu, die es vor Lachen noch schüttelt oder die zuckend schluchzen, sollte allerdings von einem umfassenderen Reflex als nur vom Orgasmusreflex gesprochen werden. Aber Ausdrücke wie «es schüttelte ihn vor Lachen» sind leider zu leeren Metaphern verkommen, da es kaum noch jemanden beim Lachen schüttelt.

Was Kafka bezüglich Interpretationen des Tanzes der sieben Hunde bemerkt, beweist zwar meine These nicht, zeigt jedoch, dass nicht alltägliches Geschehen zur Erklärung dieser Stelle herbeigezogen werden sollte. Allerdings sind derartige platten Ansichten meist problemlos auszumachen, wie ich zeigte. Kafka bemerkt zur Musik und zum Tanz der sieben Hunde:

Überdies kann man es natürlich – wie der treffende Ausdruck lautet – «verreden», so wie alles, dann zeigt sich, dass hier sieben Musiker zusammengekommen waren, um in der Stille des Morgens Musik zu machen, dass ein kleiner Hund sich hin verirrt hatte, ein lästiger Zuhörer, den sie durch besonders schreckliche oder erhabene Musik leider vergeblich zu vertreiben suchten.

(Franz Kafka/Forschungen eines Hundes/Fischer Klassik 90371/S. 382)

Leider begegnet man meist nur «verredenden» Interpretationen. Erinnern wir uns an Kafkas Niedergang, seinen Gang über den Graben, was eine bescheidene Clownerie eines schüchternen Menschen gewesen sein soll, ein harmloser Gang über eine Brücke – in Wahrheit aber eine höchst mutige Tat, die Kafkas tiefes psychologisches Verständnis zeigt.

Einmal widerfuhr mir dieser Tanz in einem Nachtzug. Nur wenige Passagiere fuhren mit, sodass ich mich in ein leeres Abteil zurückziehen konnte. Als ein Schaffner vorbeikam, blieb er für längere Zeit nachdenklich vor mir stehen. Nur mit grosser Anstrengung konnte ich den groben Zweitakt hindern, nicht aber, dass mich ein wanderndes Zucken durchfuhr. Ich wusste, was mir geschah, fürchtete aber in eine Klinik gebracht und dort ruhig gespritzt zu werden. Der Schaffner ging dann fort und kehrte bald mit einem Kollegen zurück. Als ich mit Mühe Liebeskummer stotterte, verschwanden sie, und ich liess dem zwingenden Zweitakt wieder freien Lauf.

Wir kennen heute diese von Kafka erwähnte allerletzte Wissenschaft! Aber erwähnt man Wilhelm Reich im Zusammenhang mit Goethe, Nietzsche, Kafka oder Rilke, wird dem nicht selten bösartig entgegnet. Man weiss ja, wie Reich immer wieder verleumdet und vertrieben wurde und schlussendlich im Gefängnis starb. Zwar wird heute nicht mehr gekreuzigt und verbrannt, wie zu Anfang als Motto aus dem «Faust» zitiert, aber Redlichkeit ist auch heute noch keine menschliche Tugend.

Kafka und Rilke lassen die Protagonisten fremde Personen, die von der Tanzkraft ergriffen werden, nur beobachten. Der Tanz ergreift nicht die Protagonisten selbst. Dies soll uns vermutlich zeigen, dass man bei diesem einschneidenden Erlebnis besser etwas beobachtend neben sich stehen sollte. Wie Nietzsche sagt:

Schwüles Herz und kalter Kopf: wo dieses zusammentrifft, da entsteht der Brausewind, der Erlöser.

(Friedrich Nietzsche/Also sprach Zarathustra/dtv 30154/S. 119)

Die beobachtenden Protagonisten sind jedoch stark ins Geschehen involviert – es widerfährt offensichtlich auch ihnen! Vielleicht wird Psychotikern ihre Unfähigkeit zum Verhängnis, von sich etwas Abstand nehmen zu können. Man sollte den Brausewind mit kaltem oder kühlem Kopf stürmen lassen. Gelingt dies, wird man nicht mehr gänzlich von der Angst vor der wirklichen Furcht beherrscht. Diese zu unterscheidenden Ängste meint Rilke, wenn er schreibt:

Aber seitdem habe ich mich fürchten gelernt mit der wirklichen Furcht, die nur zunimmt, wenn die Kraft zunimmt, die sie erzeugt.

(Rainer Maria Rilke/Die Aufzeichnungen des Malte Laurids Brigge dtv 2619/S. 153)

Bewusst in diese Furcht eingetaucht, verliert sie ihren grössten Schrecken, man durchlebt sie einfach. Es ist die Angst vor der Furcht, die in die Flucht treibt und nicht selten in eine Geisteskrankheit. Macht die Kraft dann tanzen, werden Energien abgeführt, was wunderbar erleichtert und die Gefahr einer Geisteskrankheit vorerst abwendet.

Mit fortschreitendem Prozess erhöht sich die heute problemlos messbare Libido-Energie. Es überrascht aber, wie viele psychologische Schulen sich die Möglichkeit von Messungen entgehen lassen, was ja eine der wenigen Mittel einer wissenschaftlich ernst zu nehmenden Verifizierung oder Falsifizierung der Fortschritte einer Therapie ist. Das gilt selbstverständlich auch für den Orgasmusreflex. Da stellt sich die Frage, ob von beidem aus Kalkül abgesehen wird, weil das Vorgehen diverser psychologischer Schulen ihre Klienten kaum vitalisiert, also nach einer behaupteten erfolgreichen Therapie keineswegs erhöhte Potentiale zu messen wären. Denkbar ist zudem, dass mittlerweile schon einige Psychologen darum wissen, es jedoch aus Eigeninteresse unterschlagen.

E.T.A. Hoffmann lebte von 1776 bis 1822. Schon er liess seine Romanfiguren öfters bioelektrische Energien spüren. Hier drei Beispiele, in denen er Verschiedenes zusammenbringt – im ersten Beispiel Elektrizität und Geist:

... wie ein elektrischer Leiter, das Innerste der Personen durchbeben sollte, die ich mit meinem geheimnisvollen geistigen Apparat, in den sich der Faden verlor ...

(E.T.A. Hoffmann/Lebens-Ansichten des Katers Murr/dtv 2020/S. 313)

Im nächsten Zitat setzt Hoffmann Liebesglut mit dem Feuer des Prometheus gleich, und, wie sich aus dem folgenden Zitat versteht, auch mit Bioenergie:

Stundenlang konnte ich das Püppchen, vor mir auf den Tisch gestellt, anschauen, und die Liebesglut, die in meinen Adern strömte, schien dann gleich dem himmlischen Feuer des Prometheus.

(E.T.A. Hoffmann/Der Elementargeist/Hofenberg Sonderausgabe/S. 34)

Und zwei Sätze weiter:

Aber indem ich es fasste (Das Püppchen), fuhr es durch alle meine Glieder, wie ein elektrischer Schlag ...

(E.T.A. Hoffmann/Der Elementargeist/Hofenberg Sonderausgabe/S. 34)

Hoffmann zeigt uns auch, dass es diese sich elektrisch anfühlenden Energien sind, die Tore zu tiefsten Gefühlen öffnen:

Durch alle Glieder fuhr es ihm wie ein elektrischer Schlag, er erbebte im Innersten – er starrte hinauf, und ein Paar herrliche dunkelblaue Augen blickten ihn an mit unaussprechlicher Sehnsucht, so dass ein nie gekanntes Gefühl der höchsten Seligkeit und des tiefsten Schmerzes seine Brust zersprengen wollte.

(E.T.A. Hoffmann/Der goldne Topf/Reclam 101/S. 11)

Prometheus, von dem im zweiten Zitat die Rede ist, entstammt dem alten, von den Olympiern gestürzten Göttergeschlecht der Titanen. Er soll uns einer Sage nach aus Lehm geformt haben und wir sollen ihm auch viele kulturelle Errungenschaften verdanken. Als dann der Patriarch Zeus, der den Sturz der Titanen anführte, den Menschen ihr ursprüngliches Feuer nahm, entwendete es Prometheus von Hephaistos wieder, oder nach einer anderen Erzählung dem Sonnengott, um es den Menschen zurückzubringen. In einer der Mythen brachte er es als Funke verborgen in einem Rohr der Narthaxstaude, die er auf dem Rückweg schwang. Die Narthaxstaude ist eine Fenchelpflanze mit hohem Stängel, jetzt also mit einem Feuer drin. Meine Vermutung ist, dass dieses Schwingen des Narthaxstengels den Tanz versinnbildlicht, den Orgasmusreflex, der gemeinsam mit dem Feuer zurückgewonnen wird. Das Rohr symbolisiert die Wirbelsäule und der darin enthaltene Funke die auch mal als Licht wahrgenommene Bioenergie.

Meist wird allerdings verstanden, dass es sich beim Raub des Prometheus um gewöhnliches Herdfeuer handelte. Die Zähmung des Feuers war zwar für den Menschen eine umwälzende Errungenschaft, aber zum Herdfeuer kam er doch durch den Göttervater Zeus selbst! Er soll es doch gewesen sein, der die Blitze schleuderte und so den Menschen das Feuer immer wieder brachte, indem er Bäume und Büsche entzündete und dadurch auch Tiere grillierte, die unseren Vorfahren sicher schmeckten. Hoffmann dagegen verstand das Feuer des Prometheus als inneres, schreibt er doch, dass die Liebesglut gleich dem himmlischen Feuer des Prometheus in den Adern strömte.

Warum aber versuchte Zeus, den Menschen dieses himmlische Feuer vorzuenthalten? Ist in Zeus ein Patriarch erstanden, der sich die Menschen unterwarf und die ihm ohne inneres Feuer besser gehorchten? Es gilt sicherlich auch da:

Wie der Mensch, so sein Gott!

(Goethe)

Die Olympier mussten den Menschen das durch Prometheus zurückgebrachte Feuer dann zwar lassen, rächten sich aber und sandten ihnen Leiden in der Büchse der Pandora. Diese Krankheiten erklären sich einerseits damit, dass Menschen, sesshaft geworden, durch engeres Zusammenleben vermehrt Ansteckungen ausgesetzt waren. Krankheiten brachte zudem der enge Kontakt mit Haustieren. Dann ernährten sich Sesshafte meist einseitiger, von nur wenigen Kulturpflanzen, und litten oft unter Mangelerscheinungen. Sie waren daher auch meistens kleiner gewachsen als die Nomaden. Zudem waren Ansässige gefährdet, weil es sich lohnte, sie zu berauben, hatten sie doch Vorräte anzulegen. Das alles wird sie oft traumatischen Erlebnissen ausgesetzt haben, was sich zu einem verängstigten, misstrauischen Verhalten sedierte. Anderseits konnten durch den Ackerbau mehr Kinder grossgezogen werden, sodass die Bevölkerung rasch zunahm. Es wurde daher, vor allem an den fruchtbarsten Orten, immer enger und Erziehung zu gutem Betragen zunehmend notwendiger. Einige Jahrhunderttausende lebten unsere Vorfahren in kleinen Gruppen und zogen umher. In wenigen Jahrtausenden sollen wir uns jetzt von Wölfen in Hunde verwandeln, was viele psychische Leiden mit sich bringt. Mit den von den Göttern in Pandoras Büchse uns gesandten Krankheiten könnten auch diese dabei gewesen sein. Und so verloren wir, was Peter Sloterdijk die energetischen Paradiese nennt – der Lebensbaum wurde durch die veränderten Lebensumstände gespalten und verdorrte. Das Verlorene kann jetzt nur noch auf schmerzhaftem Weg zurückgewonnen werden. Wie Kafka Rotpeter in «Ein Bericht für eine Akademie» sagen lässt, hätte er sich das Fell vom Leibe zu schinden, wollte er zur Freiheit zurückfinden.

E.T.A. Hoffmann lässt uns wissen, wie es sich anfühlt, wenn man den patriarchalischen Göttern entkommen ist:

Doch war ihm auch nun jene unheimliche Angst entnommen, er fühlte eine elektrische Wärme wohltätig sein Inneres durchgleiten ...

(E.T.A. Hoffmann/Ansichten des Katers Murr/dtv 2020/S. 545)

Anfangs, neu geweckt, fühlen sich diese Bioenergien meist unangenehm zerrend und unverkennbar elektrisch an. Später, wenn sie ungehinderter fliessen, sind sie zunehmend angenehmer, sanft und wohlig. Je ungehinderter und gewohnter der Fluss, desto weicher und wärmer fühlt er sich an – der Urquell oder Born.

In Aischylos' Erzählung «Prometheus» soll es in ferner Zukunft ein noch stärkeres Feuer sein als die Blitze, die Zeus schleuderte, das diesen Patriarchen eines Tages vom Thron stürzen wird. Es ist das Feuer, von dem hier die Rede ist, womit die Herrschaft von Zeus, aber auch die anderer, gebrochen werden kann.

Meiner Meinung nach sind Lichterscheinungen nur Begleiterscheinungen, so unglaublich schön es ist, sie zu erleben. Sie
sind hervorgerufen durch die Bioenergien. Diese verändern uns
und diese gilt es zu wecken, und nicht nach erlösenden Lichtern
zu suchen.

13

Der Stall des Augias. Dionysos und die Säufer. Nietzsche gibt der biblischen Schlange ihren alten Sinn zurück.

Mose richtete den Pfahl mit der bronzenen Schlange sichtbar in der Wüste auf. Genauso muss auch der Menschensohn erhöht werden. Dann wird jeder, der ihm vertraut, durch ihn das ewige Leben finden.

Die Bibel (Gute Nachricht: Johannes 2.3. Jesus und Nikodemus)

Wir haben es hier mit der Erhöhung Christi und, gleichwertig gesetzt, mit einem aufgerichteten Pfahl mit bronzener Schlange zu tun. Warum aber sollen wir uns den Thyrsos, der ja dasselbe wie die Erhöhung Christi verspricht, durch den Glauben an ihn ersetzen? Warum den Thyrsos mit ihm verstellen? Soll unsere Erlösung vielleicht nur noch beschränkt eigene Leistungen erfordern und wir dafür, um die Gnade zu erlangen, uns lästigen Gesetzen fügen?

Leider wird über Pfahl und Schlange in der Bibel nichts weiter gelehrt. Und hätte man verstanden, wäre höchstwahrscheinlich auch dies Wenige noch gestrichen worden, wie es der Brauch war. Eine Religion für Schwache und Verängstigte, um nicht Sklavenreligion zu sagen, wie man auch schon hörte.

Das kreative Chaos auszusperren war meist das Hauptziel religiöser Führer und Philosophen. So brachte Moses dem Volk Gesetzestafeln vom Berg, während es um ein goldenes Kalb getanzt haben soll. Es wird jedoch eher ein Stier gewesen sein, die man damals im Nahen Osten vielerorts als Fruchtbarkeitssymbol verehrte und tanzend feierte. So ist in der Bibel «Gute Nachricht» auch von einem Stier die Rede und nicht von einem goldenen Kalb, das Habsüchtige umtanzt haben sollen. Höchstwahrscheinlich schloss man in sittenstrenger werdenden Zeiten beschämt die Augen vor der Kraft und den schweren Hoden der Stiere. Moses wird als Gesetzesbringer auch wildes Kopulieren der Feiernden erzürnt haben.

Nun soll Moses einerseits in der Wüste den Pfahl mit der bronzenen Schlange aufgerichtet, also den Thyrsos, dem aber widersprechend, mit Gesetzestafeln unterm Arm den Tanz verboten haben. Das geht schlecht zusammen! Interessant in der Bibel wäre vor allem zu erkunden, wie sich das Verständnis für den Prozess durch den Einbruch von Zwangsmoral mehr und mehr verlor. «Ein Tagebuch der Menschheit», das von einer vorangepeitschten Entfremdung erzählt.

Der Thyrsos findet sich auch in Griechenland. Der Götterbote Hermes hatte einen, von zwei Schlangen umwunden. Diese zwei sich streitenden Schlangen schlug er schon als Säugling mit einem goldenen Stab, worauf sie sich um diesen wanden und ihre Köpfe friedlich aneinanderschmiegten.

Dieselbe Geschichte wird von Herkules erzählt. Er hatte allerdings, erwachsen geworden, abermals mit jetzt hoch angehäuften Problemen fertig zu werden und neben anderen Aufgaben den Stall des Augias auszumisten. Darin hatte sich während der vergangenen 30 Jahre eine dicke Schicht Mist angesammelt – als innerer Mist zu verstehen! Herkules flutete diesen aus, indem er zwei Flüsse zum Stall hin und durch ihn hindurchleitete. Diese beiden Flüsse entsprechen meiner Meinung nach den beiden Schlangen des Thyrsos. Um einen Stall auszumisten, hätte ein einziger Fluss ausgereicht. Sind damit aber die beiden Meridiane gemeint, die den beiden Schlangen des Thyrsos entsprechen, machte es Sinn, dass Herkules zwei Flüsse hindurchleitete. Dass es sich dabei um inneren Mist handelte, wird sich auch Kafka gedacht haben, sagte doch im Schloss K. zu Barnabas vorwurfsvoll:

«Gehen denn nicht Klamms Sachen allen anderen vor? Du hast das hohe Amt eines Boten und verwaltest es so schmählich? Wen kümmert die Arbeit deines Vaters? Klamm wartet auf die Nachrichten, und du, statt im Lauf dich zu überschlagen, ziehst es vor, den Mist aus dem Stall zu führen.» – «Mein Vater ist Schuster», sagte Barnabas unbeirrt, «er hatte Aufträge von Brunswick, und ich bin ja des Vaters Geselle.» – «Schuster – Aufträge – Brunswick», rief K. verbissen, als mache er jedes der Worte für immer unbrauchbar. «Und wer braucht denn hier Stiefel auf den ewig leeren Wegen?»

(Franz Kafka/Das Schloss/Reclam 9678/S. 130)

Unerwartet sind Stall und Mist erwähnt – im «Schloss» ist weder vorher noch nachher die Rede davon. Dass Herkules den Stall des Augias ausmistete, ist eine der bekanntesten der an ihn gestellten zwölf Aufgaben. Statt dass nun Barnabas diese Aufgabe wie Herkules erfüllte, führte er den Mist nur im Kleinen, denkbar in einer Schubkarre. So war es ihm unmöglich, diese grosse Menge Mist zu bewältigen. Fragte nun K. Barnabas, ob nicht Klamms Sachen allem anderen vorangehen, wies er Barnabas von dieser Arbeit weg und mahnte, sich mit den Widerständen, oder eben mit Klamm, auseinanderzusetzen. Für den Helden Herkules waren diese Widerstände noch in einer Tagesarbeit zu bewältigen. Barnabas, dessen Aufgabe auch wäre, diesen Mist auszuschwemmen, hinderten jedoch unüberwindliche psychosomatische Widerstände daran. Die beiden K. vom Schloss zugeteilten Gehilfen, die den beiden Flüssen entsprechen, waren keine Hilfe. Deswegen vertrieb er sie aus dem Schulzimmer, in dem sie gemeinsam hausten!

Dieser Hilflosigkeit entsprechend, bemerkt Kafka in «Forsch-ungen eines Hundes», dass nicht mal helfen würde, sich ins Gekröse zu greifen – also dahin, wo der viele Mist vor allem verstopft. (Heute wird vermehrt der immense Einfluss des Bauchs auf unser Gehirn erforscht.)

Die innere Verwüstung der Eltern Barnabas', die äusserlich bald sichtbar war, nachdem die Familie aus der Dorfgemeinschaft verstossen worden war, hatte selbstverständlich auch bei ihrem Sohn tiefe Spuren hinterlassen. So gezeichnet konnte er die Botengänge nicht zur Zufriedenheit erfüllen. Diese Verletzungen zeigt Kafka damit, dass Barnabas an die Schusterbank gebunden war, als seines Vaters oder Brunswicks Geselle, also in deren Werk und Verderbnis gefangen.

Die Aufträge erhielt Barnabas von Brunswick dem Schreier. Dieser hatte nach der Verstossung der Barnabas`schen Familie den Betrieb seines Vaters übernommen. Brunswick ist der Ehemann der Mutter mit dem Säugling und wie schon erwähnt, erinnert diese Figur an Kafkas lauten Vater – ein sein zerfallenes Inneres überspielender Charakter, eine der Welt gezeigte Maske eines beruflich erfolgreichen Grossmauls. Diese war dem innerlich zerstörten Vater übergestülpt. Kafka gibt uns also zwei Darstellungen des einen Vaters. Der eine beruflich erfolgreich, der andere innerlich verdorben. Zwei Eigenschaften der einen Person sind in zwei Figuren dargestellt. Auf diese Technik der Darstellung werden wir noch unten bei E.T.H. Hoffmann stossen.

Als Kind dieser Eltern fehlte Barnabas die nötige Energie, um bei Klamm viel zu erreichen, fehlte ihm die Kraft, um betonierte Widerstände niederzureissen. Stattdessen arbeitete er an Stiefeln, die zu nichts Nütze waren, da sie «auf den ewig leeren Wegen» keiner brauchte, wie ihm K. vorwarf. Da diminuiert Kafka mit Humor die beflügelten Sohlen des Götterboten Hermes auf ein menschliches Mass. In diesem winterlichen Dorf fliegt keiner auf geflügelten Sohlen, wie auch keiner in Siebenmeilenstiefeln dahineilt.

Einen Thyrsos besass auch Dionysos. Ihn wieder entdeckt zu haben, beanspruchte Nietzsche stolz für sich. (Götzendämmerung/Insel Taschenbuch 822/S. 117) Meist wird Dionysos' Stab von Weinranken umwunden dargestellt. Er wird aber auch mal mit einem gezeigt, um den sich zwei Schlangen winden. Im ersten Fall denkt man sich den Halbgott mit einem Gefolge von ekstatisch tanzenden Trinkerinnen und Trinkern. Saufen war im alten Griechenland bekanntlich ein fleissig gepflegter Brauch. Man erinnere sich nur an den grossen Moralisten Sokrates, der noch jeden unter den Tisch gesoffen haben soll. Nietzsche hätte jedoch einem Gott der Alkoholiker bestimmt keine grosse Bedeutung beigemessen. Er äusserte sich vehement gegen Alkohol, der nach seiner Meinung Europa zugrunde richtete. Nietzsches Dionysos wird einen Thyrsos mit zwei Schlangen besessen haben.

Nach dem Mythos der Trinker wurde Dionysos in Indien im Weinbau unterrichtet und soll die Rebe und das Wissen zu keltern von da nach Griechenland gebracht haben. Er könnte aber auch anderes gelehrt worden sein – wurde vielleicht im klassischen Yoga unterrichtet. Und möglich wäre, dass kein Wein getrunken wurde, sondern die dionysischen Tänze schamanischer Art waren und zu Initiationen halluzinogene Drogen eingenommen wurden. Bekanntlich taten dies viele alten Völker. Alkohol entführt auch eher in dumpfe Welten. Ich denke, dass griechische Trinker diese Legende umgeschrieben haben; entweder wollte man ihre Bedeutung wegen ihrer Bedrohlichkeit vergessen oder wird sie nicht mehr verstanden haben.

Die beiden Schlangen des Thyrsos werden im klassischen Yoga Ida und Pingala genannt. Der Thyrsos entspricht der Kundalini des Yoga, einer sinnbildlichen Schlange. Sie ist das vielleicht treffendste Symbol für die Libido-Energie, verursacht sie doch eine schwingende Bewegung des Körpers, ähnlich wie sich Schlangen fortbewegen, den Orgasmusreflex. Unerweckt soll sie im Steiss zusammengerollt schlafen. Einmal geweckt, bewegt sie sich den Wirbelkanal hoch, begleitet von überwältigenden Gefühlen, Lichterscheinungen, aber auch von horrenden Ängsten und Halluzinationen.

In Goethes «Märchen», zu dem noch mehr gesagt werden wird, sind diese beiden Meridiane durch zwei Irrlichter dargestellt – und so fühlen sie sich auch an, flackernde, unternehmungslustige, erregende Energien links und rechts der Wirbelsäule. Diese Meridiane zu wecken, kann ein Schütteln der Schultern oder ein Flügelschlagen mit angewinkelten Armen helfen. Wohl deshalb schütteln sich in Goethes Märchen die beiden Irrlichter immer mal wieder, und damit Gold von sich, das eine Schlange nährte. Diese Schlange entlehnte Goethe zweifellos dem Yoga – sie ist die Kundalini, die zum guten Ende eine Brücke über den Fluss zum Palast des seligen Königspaars bildete.

Lawrence Durrell schreibt von dieser Schlange:

...,dass das Rückgrat wirklich eine Art Riesendamm ist, der zur jogischen Selbsterkenntnis führt – das Kundalini, die aufgerichtete Schlange...

(Lawrence Durrell: Fünfauge oder was der Frauenmörder erzählt/ rororo 13131/S. 18)
)

Auch Robert Musil meint fraglos dasselbe:

Solche Fragen sind sehr einfach, wenn sie ruhen; aber sobald sie sich aufrichten, sind sie eine ungeheuerliche Schlange, die zu einem harmlosen Fleck zusammengerollt gewesen ist.

(Robert Musil/Der Mann ohne Eigenschaften rororo 13462 Band I/S. 794)

Und Nietzsche schreibt von ihr, wie schon zitiert:

*Nach immer reineren Höhen biegt sie den Hals
eine Schlange gerad aufgerichtet vor Ungeduld:
dieses Zeichen stellte ich vor mich hin.
Meine Seele ist selber diese Flamme.*

(Friedrich Nietzsche/Das Feuerzeichen/Goldmann Klassiker 7511/S. 211)

Sollten also manche unserer Dichter erlebt haben, was im klassischen Yoga gelehrt wird, Ähnliches, das auch andere erlebten, die rund um die Welt davon berichten? Leider wird meist kein Unterschied zwischen Glaubensbekenntnissen und Erlebnisberichten gemacht – beides wird in der Regel unterschiedslos verworfen. Man sollte jedoch sauber trennen und Erlebnisberichte bei Untersuchungen der grossen Literatur mitberücksichtigen. Jedoch ist der Fall, dass in der Wissenschaft fast ausschliesslich Fachleute ohne diesbezügliche Erfahrungen das Sagen haben und entsprechende Untersuchungen unterlassen, womöglich um sich ihre Pfründe zu sichern. Und dabei gibt uns Nietzsche in «Geburt der Tragödie» doch einen handfesten Hinweis, woher das dionysische Wissen stammt, welches das Fundament seiner Philosophie bildet – und uns seinen Übermenschen verstehen lässt:

Ja, meine Freunde, glaubt mit mir an das dionysische Leben und an die Wiedergeburt der Tragödie. Die Zeit des sokratischen Menschen ist vorüber: kränzt euch mit Epheu, nehmt den Thyrsusstab zur Hand und wundert euch nicht, wenn Tiger und Panther sich schmeichelnd zu euren Knien niederlegen. Jetzt wagt es nur, tragische Menschen zu sein: denn ihr sollt erlöst werden. Ihr sollt den dionysischen Festzug von Indien nach Griechenland geleiten! Rüstet euch zu hartem Streite, aber glaubt an die Wunder eures Gottes!

(Friedrich Nietzsche/Geburt der Tragödie/Insel-Verlag 2679/S. 155)

Da gibt er auch zu verstehen, was er mit Tragödie meint, sofern man die Bedeutung des Thyrsos anzuerkennen gewillt ist.

Tragödien sind für ihn keine zufälligen Schicksalsschläge! Damit meint er die durch die Schlange verursachten Leiden.

Nach christlicher Lehre ist das Paradies der Ort der Seligkeit und des Friedens. Gott soll einzig verboten haben, Äpfel vom Baum der Erkenntnis zu essen. Eva liess sich jedoch von einer Schlange dazu verführen, worauf sie Adam dazu verleitete. Daher wurden die beiden, und mit ihnen zugleich alle Nachkommen, aus dem Paradiese verstossen. Nun, mit der Moral, der Erkenntnis von Gut und Böse, werden Kindern auch Neurosen mitvererbt. Ich will mich jedoch nicht mit all den möglichen Auslegungen dieser Legende auseinandersetzen, sondern zeigen, wie ich Nietzsche verstehe.

Er war im landläufigen Sinn nicht sehr moralisch, zumindest nicht mit der Feder. Das ermöglichte ihm, seinen Blick auf das «Jenseits von Gut und Böse» zu richten, auf die Zeit vor dem Sündenfall und der damit einbrechenden Moral. Nietzsches Paradies bewohnt eine Schlange anderer Beschaffenheit, als es diese jämmerliche, von den alten Israeliten in den Baum der Erkenntnis gehängte biblische Schlange ist. Seine Schlange verführt nicht zum Wissen von Gut und Böse. Sie lockte ihn dahin zurück, wo noch keine Moral herrscht.

Er wirft dem Christentum mal vor, dass nach der biblischen Paradiesgeschichte keine Wissenschaft sein darf. Wissenschaftliche Erkenntnisse wie z. B. astronomische wurden zwar nach einigen Verbrennungen von den Kirchen anerkannt. Er wird also an eine andere Wissenschaft gedacht haben – wohl an eine Psychologie, die nicht sein darf, die der Schlange ihre im Judenund Christentum verlorene Kraft wieder zurückgibt, an deren Kraft er erkrankte.

Was locktest du dich
ins Paradies der alten Schlange?
Was schlichst du dich ein

In dich – in dich?
Ein Kranker nun,
der an Schlangenkraft krank ist ...

(Friedrich Nietzsche/Dionysos-Dithyramben
Goldmann Klassiker 7511/S. 208)

Zur biblischen Schlange hätte sich Nietzsche bestimmt nicht
zurückgelockt! Seine leuchtete, wie auch Goethe sie im
«Märchen» beschreibt. Sie ist das Zeichen, das er vor sich hin-
stellt, dass seine Seele und auch eine Flamme ist.

Nietzsche gibt damit der Paradiesschlange ihren ursprünglichen
Sinn zurück! Für ihn ist sie nicht diese Verführerin zur Moral,
zu der sie in der Bibel wurde. Von der Schlange, die er meint,
werden ja auch noch einige wenige aus dem israelischen Volk
gewusst haben, soll doch Moses in der Wüste einen Pfahl mit
bronzener Schlange aufgerichtet haben, was erstaunlicherweise
im Neuen Testament geschrieben steht.
Nietzsche wollte diese Schlangenkraft zurückgewinnen, durch
die er sich Erlösung oder Heilung versprach!

So wird auch der Psychiater und Schriftsteller Alfred Döblin
Nietzsche verstanden haben. In seinem letzten Buch «Hamlet
oder die lange Nacht nimmt ein Ende» bringt er in einem kurzen
Abschnitt Dionysos und eine Schlange zusammen – die beide
einem Zug vorangehen:

Sogar Schlangen ringeln sich aus dem Gebüsch und
kriechen herzu, die Köpfe mit den listigen, glänzenden
schwarzen Äuglein erhoben. Die Schlangen sind den
Tänzern und Springern über die Thyrsosstäbe gekrochen
und lassen sich freudig wie Kinder tragen, sie drehen sich
über den Stabspitzen, stolz, wie Sieger, als wäre ihr Fest
gefeiert, die Schlange, ja, die verrufene Schlange. Ja, warum
nicht, sie zieht dem Zug voran und zischt und klappert,

während die Menschen lachen und singen und flöten und die Schellen schlagen.

Dionysos voran, der Heilbringer.

(Alfred Döblin/Hamlet oder die lange Nacht nimmt ein Ende dtv 12737/S. 456)

Dionysos und die verrufene Schlange sind also beide am Kopf des Zuges, womit Döblin darauf aufmerksam machen wird, dass sie dasselbe Phänomen veranschaulichen.

Edward, der Protagonist, dessen Heilung Döblin in seinem Buch vor allem erzählt, wurde während des Krieges am Rücken schwer verwundet und verlor ein Bein, worauf er zur Genesung zurück nach England in eine Klinik gebracht wurde. Als seine Mutter Alice ihn das erste Mal durch ein Guckfenster sehen durfte, verzerrte er das Gesicht zu fürchterlichen Fratzen, worauf sie vor Schreck in Ohnmacht fiel.

Beschreibt Döblin damit den Beginn einer Heilung, entsprechend Kafkas Niedergang, Reichs Vegetotherapie und dem Grauen Rilkes, als er hinter die Maske blickte? Begann sich Edwards Maske in Zuckungen und Fratzen aufzulösen? Von ihm wird später mehrmals gesagt, dass es ihn heftig durchschüttelte. Döblin, als Psychiater, wird Wilhelm Reich gekannt und möglicherweise auch dementsprechende Erlebnisse gehabt oder zumindest beobachtet haben. Wie der Titel sagt, nimmt ein Ende, was er die lange Nacht nennt. Damit wird eine Heilung gemeint sein. Von dunklen Zeiten, die der Gnade vorausgehen, sprechen ja auch christliche Mystiker. So lebte auch Edward nach schweren Krisen auf, sah alles neu, farbiger und schillernder. Er freute sich nun an vielem, er, der schon vor dem Krieg meist mürrisch vor sich hinbrütete.

Selbstverständlich dürfen auch christliche Sagen und Legenden genutzt werden, um Erlebnisse darzustellen, wie es der zum Katholizismus konvertierte Döblin tat. «Die Pilgerin Aetheria» las ich allerdings peinlich berührt, obwohl sie sich vor ihrer Begnadigung etwas in den Hüften wiegte. Aber vielleicht versucht Döblin die Schlange in den Vatikan zu schmuggeln, um die etwas alterssteifen Kardinäle und Päpste zum Tanzen zu bringen. Leider Gottes wurde aber von diesen Alten bisher noch keine Schlange aus dem Korb gelockt.

Mittel und Weg, zu unserer Natur zurückzufinden, ist also auch nach Döblin diese Schlangenkraft. Dieser Weg wird jedoch immer aufreibender, je gründlicher und besser wir erzogen werden. Vor der Schlange wird darum immer eindringlicher gewarnt worden sein, bis man ihre wahre Natur ganz vergass und sie zu dieser biblischen Verführerin machte. Eine verarmte Religion!

Nietzsche richtete den Pfahl wieder sichtbar in der Wüste auf; allerdings mit zwei Schlangen; und nicht mehr verdeckt durch jüdisch-christliche Moral und den Gottessohn!

Wie wir das Paradies verloren, erklärt uns Kafka in «Forschung eines Hundes»:

Als unsere Urväter abirrten, dachten sie wohl kaum an ein endloses Irren, sie sahen ja förmlich noch den Kreuzweg, es war leicht, wann immer zurückzukehren, und wenn sie zurückzukehren zögerten, so nur deshalb, weil sie noch eine kurze Zeit sich des Hundelebens freuen wollten ... Sie wussten nicht, was wir bei Betrachtung des Geschichtsverlaufes ahnen können, dass die Seele sich früher wandelt als das Leben und dass sie, als sie das Hundeleben zu freuen begann, schon eine recht althündische Seele haben mussten und gar nicht mehr so nahe dem Ausgangspunkt waren, wie ihnen schien oder wie ihr in allen Hundefreuden schwelgendes Auge sie glauben machen wollte.

(Franz Kafka/Forschungen eines Hundes/Fischer Klassik 90371/S. 379)

Kann man sich dazu nicht auch vorstellen, wie schon zu guten Hunden Erzogene sich weiterhin abmühen, sich ihr Leben noch hündischer einzurichten, sich also des Hundelebens noch unbeschwerter freuen zu können, und dann grossartige erreichte Ziele und gefundenes Glück behaupten – wie z. B. Buddhisten?

Versuchen wir, dem entgegengesetzt, den Weg zurück ins Paradies zu gehen, werden wir von Krankheiten geschlagen, weil sich die vordem blockierte Libido in uns stechend, zerrend und sengend ausbreitet. Im Yoga ist dies als reinigendes Feuer beschrieben, gastrisches Feuer genannt. Vielleicht meinte dasselbe einst auch das Fegefeuer der römisch-katholischen Kirche, war damit ein diesseitiges Feuer gemeint.

Diese heilende Schlange, unsere Libido, zur Verführerin zum Wissen von Gut und Böse zu entstellen, wird mit ein Grund gewesen sein, dass Nietzsche das verständnislose Juden- und Christentum etwas aufsässig kritisierte – verloren wir mit ihr doch unser Wertvollstes!

Auch Henry Miller weiss von dieser Schlangenkraft. Er war mit Lawrence Durrell befreundet, der die Sache verständlich beschrieb. Deutlich ist auch Miller:

... selbst die Zeit, in der ich geboren war, entschwand, von einem mächtigen Strom entführt. ... Mein Rückgrat war in einen Brennpunkt der Ellipse eingelassen; ich sah mich im Steiss einer unerbittlich neuen Welt gegenüber.

(Henry Miller/Wendekreis des Steinbocks
RowohltVerlag/Nr. 8060 1080/S. 186)

Und er fährt zwei Seiten weiter unten fort, als ob er an die Tänze der Alten um die gefeierten Stiere dächte:

Ich wurde so elektrifiziert, dass ich mich nicht zu bewegen wagte aus Furcht, ich würde wie ein Bulle losbrechen und eine Häuserwand hochklettern oder tanzen und schreien.

Plötzlich wurde mir bewusst, dass da alles so war, weil ich tatsächlich ein Bruder Dostojewskis und vielleicht der Einzige in ganz Amerika war, der wusste, was er mit seinen Büchern sagen wollte.

(Henry Miller/Wendekreis des Steinbocks
Rowohlt Verlag/Nr. 8060 1080/S. 188)

Wo die Quelle noch fliesst, ist Leben in Laotses grossem Sinn. Er zeigt uns, was wird, wenn wir diesen verlieren:

Geht der grosse Sinn zugrunde,
so gibt es Sittlichkeit und Pflicht.
Kommen Klugheit und Wissen auf,
so gibt es die grossen Lügen.
Werden die Verwandten uneins,
so gibt es Kindespflicht und Liebe.
Geraten die Staaten in Verwirrung,
so gibt es die treuen Beamten.

(Laotse/Vers 18/übersetzt von Richard Wilhelm)

Ich messe den Buddhismus an diesen Zeilen! Um mich nochmals zu vergewissern, nicht falschzuliegen, las ich das Buch des Dalai-Lama mit dem Titel: «Der Weg zum Glück – Sinn im Leben zu finden». Ich habe nicht mitgezählt, aber darin ist z. B. einige Dutzend Mal erwähnt, dass Mitgefühl entwickelt werden soll – dieses Buch strotzt von Sittlichkeit, Pflicht, Klugheit und seltsamstem Wissen!

14

Rilkes ans Rückgrat gepresster Zauberstab. Der Tänzer
Zarathustra hört mit seinen Zehen.

*Nur im Tanze weiss ich der höchsten Dinge Gleichnis zu
reden ...*

(Friedrich Nietzsche/Also sprach Zarathustra/dtv 30154/S. 144)

Nietzsche dachte dabei kaum an den Besuch eines Tanzkurses,
um Walzer oder aufwändig Tango zu lernen. Es geht ihm dabei
um die höchsten Dinge, also um weit mehr als in einem Kurs
Figuren zu meistern, was uns jung und leistungsfähig erhalten
und Hirn und Gelenke schmieren soll.

Auch Rilke spricht von diesem Tanz der höchsten Dinge. Er
erzählt in seinem Brief an Lou Andreas-Salomé vom 18. August
1903 anstelle der Schlange allerdings nur von einem höchst
rätselhaften Stock. Dessen Eigenschaften erklären sich jedoch,
wenn man ihn als Thyrsos versteht, wie ich zeigen werde.
(Einen Teil des Briefes verwendete Rilke abgeändert in «Die
Aufzeichnungen des Malte Laurids Brigge»:

*... Hände, die den Stock an das Rückgrat pressten, als
wollten sie ihn zu einem Teil dieses hilflosen Leibes machen,
in dem der Reiz zu tausend Tänzen lag, und ich erlebte es,
wie dieser Stock etwas wurde, etwas bedeutsames, von dem
viel abhing: alle Kraft des Mannes und sein ganzer Wille
ging in ihn ein und machte ihn zu einer Macht, zu einem
Wesen, das vielleicht helfen konnte und an dem der kranke
Mann mit wildem Glauben hing. Hier entstand ein Gott und
seine Welt erhob sich wieder ihn ... Nun wartete er; aber es*

war, als traute der Feind in ihm dieser Unterwerfung noch nicht; er zögerte, – nur einen Augenblick freilich. Dann brach er los wie ein Brand, aus allen Fenstern zugleich. Und es begann ein Tanz.

(Die Aufzeichnungen des Malte Laurids Brigge»/dtv 2619/S. 66–68)

Ein aussergewöhnlicher Stock – ein ans Rückgrat gepresster Zauberstab! Nietzsches Schlange ist auch eine Flamme – bei Rilke bricht ein Brand aus allen Fenstern. Beide berichten also von Lichterscheinungen, wie sie beim erstmaligen Ausbruch der Libido meist wahrgenommen werden. Der Gott, der Malte erstand, wird Dionysos sein. Und gehen alle Kraft und der ganze Wille des Mannes in diesen an das Rückgrat gepressten Stock ein, sagt uns Rilke damit, dass beides als ein und dasselbe zu denken ist – der Stock das energetisierte Rückgrat symbolisiert. Und dass er zu einer Macht wurde, zu einem Wesen, das vielleicht helfen könnte, erinnert darüber hinaus an den Thyrsos, der ja ein Symbol der Heilung ist.

Dass jedoch erwähnt ist, dass der Mann krank sei, womit Rilke eine psychosomatische Erkrankung meinte, hat InterpretInnen dazu bewogen, dieses Erlebnis als einen von Rilke beobachteten Epilepsieanfall auszulegen. Es ist bekannt, dass Epileptiker während eines Anfalls zucken und zappeln, leider bekannter als der von Reich gelehrte Orgasmusreflex. Aber sie tanzen bei einem Anfall nicht eigentlich, sondern fallen meist unsanft zu Boden und zappeln da weiter. Epilepsie ist darüber hinaus keine Macht, die vielleicht helfen könnte! Und hätte Rilke den Anfall eines Epileptikers einen Tanz genannt? Doch kaum!

Um zu verstehen, wird uns hier behilflich sein, dass Rilke, um inneres Geschehen mit äusserem bildlich darzustellen, als erstes Beispiel ein Kaninchen erwähnt. Diesem Tanz war ohne Zweifel der Rhythmus des zwingenden Zweitakts vorgegeben.

Auch der erwähnte Brand wird dazu bewogen haben, das Beschriebene als epileptischen Anfall zu erklären, sehen die Kranken doch dabei auch mal Lichter. In «Der Idiot» von Dostojewski ist sogar ein Licht von höchster einsichtiger Klarheit und Glück beschrieben, das ihn erwägen liess, ob man für einen solchen nicht mal eine Sekunde dauernden Moment nicht sein ganzes Leben hingeben würde. Diese Lichter können aber auch ohne epileptischen Anfall erlebt werden.

Die auf den zwei nächsten Seiten folgenden Äusserungen Maltes mussten dann der Erklärung halber, er habe einen epileptischen Anfall beobachtet, nach gewohnter Manier ausgeblendet werden:

Eine veränderte Welt. Ein neues Leben voll neuer Bedeutungen. Ich habe es augenblicklich etwas schwer, weil alles zu neu ist. Ich bin ein Anfänger in meinen eigenen Verhältnissen.

(Rainer Maria Rilke/Die Aufzeichnungen des Malte Laurids Brigge
dtv 2619/S. 69)

Und weiter war auszublenden:

Hättest Du mir vielleicht sagen können, ob es einen Arzt gibt? Ich habe vergessen, mich danach zu erkundigen. Übrigens brauche ich es jetzt nicht mehr.

(Rainer Maria Rilke/Die Aufzeichnungen des Malte Laurids Brigge
dtv 2619/S. 69)

Hätte es sich um einen epileptischen Anfall gehandelt, hätte ein Arzt durchaus weitere Anfälle mildern oder gar verhindern können. Vertrat ich oben die These, dass der Involvierte bei einem derart überwältigenden Erlebnis wie der Erweckung der Kundalini von sich etwas Abstand halten sollte, um nicht in eine unkontrollierte Psychose zu fallen, wird dies auch Rilke so gesehen haben. Daher lässt er Malte den Mann mit Stock nur beobachten. Dann spricht er jedoch von einschneidenden, eigenen Veränderungen, als hätte er den Fremden nicht nur beobachtet, sondern wäre in dessen Erlebnisse persönlich verwickelt gewesen – als wären sie ihm selbst widerfahren. Ebenso spricht auch das Folgende dem entgegen, dass Malte einen Epilepsieanfall eines Fremden nur aus Distanz mitverfolgte:

> *Glaube nur nicht, dass ich hier an Enttäuschungen leide, im Gegenteil. Es wundert mich manchmal, wie bereit ich alles Erwartete aufgebe für das Wirkliche, selbst wenn es arg ist.*
>
> (Rilke/Die Aufzeichnungen des Malte Laurids Brigge/dtv 2619/S. 70)

Diese Veränderungen sind doch nicht die Folgen davon, dass Malte einen Epilepsieanfall nur beobachtete! Ein Epilepsieanfall ist zwar wirklich, aber bestimmt nicht «das Wirkliche». Und wer gäbe alles Erwartete für eine Krankheit auf?

Mit dem Tanz haben es viele der oft etwas lebensfremden Literaturwissenschaftler leider nicht sehr. So bin ich bisher noch auf keine Interpretation des vielleicht rätselvollsten Satzes im «Zarathustra» gestossen, der an das Leben gerichtet ist:

> *Meine Fersen bäumten sich, meine Zehen horchten, dich zu verstehen: trägt doch der Tänzer sein Ohr – in seinen Zehen.*
>
> (Friedrich Nietzsche/Also sprach Zarathustra/dtv 30154/S. 282)

Spielte Zarathustra vielleicht ein riesiges Orchester auf, sodass seine Schuhsohlen mit den Bässen und Trommeln mit-schwangen, zu vergleichen mit dem, was mir geschah, als ich mal in eine Disco geschleppt wurde, wo man Hip-Hop dröhnen liess? Anderseits könnte er von einem Strömen sprechen, das er in seinen Zehen oder Füssen spürte, was er den Tanz betreffend anderswo beschreibt:

... dass Denken gelernt sein will, wie Tanzen gelernt sein will, als eine Art Tanzen ...Wer kennt unter Deutschen jene feinen Schauder aus Erfahrung noch, den die leichten Füsse im Geistigen in alle Muskeln überströmen!

(Friedrich Nietzsche/Götzendämmerung/Insel Taschenbuch 822/S. 63)

Wie ist das mit den leichten Füssen im Geistigen zu verstehen? Stehen sie zufällig mal drin, im Geistigen, wie auch mal in einer Pfütze oder im Strassenstaub? Was mit «in alle Muskeln überströmen» gemeint ist, wird wohl nicht erklärt werden müssen. Und dadurch soll, wer eine Art Tanz lernt – womit eine bestimmte Art Tanz gemeint sein wird –, erst richtiges Denken lernen. Jedenfalls ein sehr ausgefallener Tanz, wenn dabei Geistiges von den Füssen her strömt. Und bestimmt ist dies nicht als reine Metapher für irgendein eingebildetes, allegorisch gemeintes Schaudern zu verstehen, das sich in dichterisch platonischen Welten abspielt – durchströmt es doch die Muskeln, die ausser Zweifel zur diesseitigen Welt gehören. Um Nietzsche also nicht in luftigen Höhen abtreiben zu lassen, sei nochmals ein Abschnitt von Robert Musil zitiert, offensichtlich ein aufmerksamer Leser Nietzsches – und mit ähnlichen Erfahrungen. Zweifellos hat er das mit dem Ohr in den Zehen nicht unverstanden überlesen und bringt in folgendem Abschnitt etliches erklärend zusammen:

Der Boden strömte unter seinen (Ulrichs) Füssen. Er konnte die Augen kaum öffnen. Kann ein Gefühl blasen wie ein Sturm und doch gar kein stürmisches Gefühl sein? Wenn man von einem Sturm des Gefühls spricht, meint man einen, wo die Rinde des Menschen ächzt und die Äste des Menschen fliegen, als sollten sie abbrechen. Das aber war ein Sturm bei ganz ruhig bleibender Oberfläche. Nur beinahe ein Zustand der Bekehrung, der Umkehrung; keine Miene verschob sich von ihrem Platz, aber innen schien kein Atom an seiner Stelle zu bleiben.

(Robert Musil/Der Mann ohne Eigenschaften/rororo 13462
Band I/S. 155)

Dieses Strömen, oft nur in den grossen Zehen, aber auch mal in
allen, oder im ganzen Fuss, ist immer zu spüren, wenn die
Energien zu fliessen beginnen. Das wusste auch Goethe, was
folgende Verse aus dem Faust zeigen:

> *Nur gleich entschlossen grabt und hackt,*
> *Da liegt der Spielmann, liegt der Schatz!*

Gemurmel

> *Mir liegt's im Fuss wie Bleigewicht*
> *Mir krampft's im Arme – Das ist Gicht*
> *Mir krabbelt's an der grossen Zeh'*
> *Mir tut der ganze Rücken weh*
> *Nach solchen Zeichen wäre hier*
> *Das allerreichste Schatzrevier.*

(Goethe/Faust Zweiter Teil/Zeile 4995)

Mal abgesehen davon, dass in diesen Zeilen eine mögliche
Antwort für die Ursache von Gicht auszumachen ist, erwähnt
Goethe die grosse Zehe. Hat dieses Krabbeln mit Bioenergien
zu tun, würde dies auch die erwähnten Leiden erklären – wie
doch auch Nietzsche an den geweckten Energien litt, als er sich
ins Paradies der alten Schlange lockte. Goethes «allerreichste
Schatzrevier» wird Nietzsches Paradies entsprechen!

Die Erklärung findet sich bei Lee Sannella, einem amerikanischen Arzt, der den Kundalini-Prozess erforschte und der
schreibt:

> *In voller Ausprägung beginnt er (der Kundalini-Prozess)*
> *gewöhnlich mit vorübergehender Parästhesie (Fehlem-*
> *pfindung) an Zehen oder Knöcheln, verbunden mit Taub-*
> *heitsgefühlen und Kribbeln.*

(Lee Sannella/Kundalini-Erfahrung und die neuen Wissenschaften
Synthesis Verlag/S. 134)

Dass die Energien in den Zehen zu fliessen beginnen, sagt auch
der Heiler Kunta Boo aus Namibia im Film «Der grosse
Schamane, Heilkunst in der Kalahari».

Bioenergien machten die hier aufgeführten Dichter tanzen! Und
lachte Zarathustra, schüttelte es ihn vor Lachen.

15

Labyrinthe bei Kafka und Goethe. Dionysos und der Faden der Ariadne. Der verschlüsselte Orgasmusreflex in Goethes «Faust».

> *Und solang du das nicht hast*
> *Dieses: Stirb und Werde!*
> *Bist du nur ein trüber Gast*
> *Auf der dunklen Erde.*

Goethe

Im «Faust I» wird ein Symbol gebraucht, dessen sich später Kafka bediente, der schon erwähnte Knotenstock. Er ist für das Aussehen der Wirbelsäule ein treffendes Symbol und wird Rilkes Zauberstab entsprechen. Faust wanderte mit seinem durch ein Labyrinth von Tälern, wo er mit Mephistopheles anzutreffen war:

Mephistopheles:

Verlangst du nicht nach einem Besenstiele?
Ich wünschte mir den allerderbsten Bock.
Auf diesem Weg sind wir noch weit vom Ziele.

Faust:

So lang ich mich noch frisch auf meinen Beinen fühle,
Genügt mir dieser Knotenstock.
Was hilft's, dass man den Weg verkürzt! –
Im Labyrinth der Täler hinzuschleichen,
Dann diesen Felsen zu ersteigen,
Von dem der Quell sich ewig sprudelnd stürzt,
Das ist die Lust, die solche Pfade würzt!

Der Frühling webt schon in den Birken,
Und selbst die Fichte fühlt ihn schon;
Sollt er nicht auch auf unsre Glieder wirken?

Mephistopheles:

Fürwahr, ich spüre nichts davon!
Mir ist es winterlich im Leibe,
Ich wünschte Schnee und Frost auf meiner Bahn.

(Faust I/Zeilen 3835–3850)

Obwohl Mephistopheles Faust einen Besenstiel anbot, wohl um das Labyrinth nach Hexenart baldmöglichst fliegend zu verlassen, wünschte sich Faust, das Labyrinth mit dem Knotenstock zu durchwandern, einen Fels zu besteigen und sich am ewig sprudelnden Quell zu entzücken. Stock und Quell! – das lässt ahnen, dass Goethe vom Thyrsos spricht – von unserem ureigenen Quell! Mephistopheles hingegen fühlte sich ihm nah unwohl. Er wünschte sich Schnee und Frost auf seiner Bahn. Die beiden erlebten die Situation also unterschiedlich. Mephistopheles, dem Teufel, wird Born oder Quell nicht geheuer sein – mit dieser Kraft entflieht man seiner diabolischen Welt.

Zwischen Kafkas «Schloss» und Goethes «Faust» sind noch weitere Parallelen auszumachen als nur der Knotenstock. So meinte K., als er das Dorf erreicht hatte, obwohl ihn da weder jemand erwartete noch jemand von ihm wusste, dass er zu spät angekommen sei, weil er sich den Weg durch die verschneite Landschaft nicht entgehen lassen wollte, sich dabei aber mehrmals verirrte. Das erinnert an das von Goethe im letzten Zitat erwähnte Labyrinth, in dem Mephistopheles und Faust wanderten, und auch an «Schnee und Frost», was sich Mephistopheles herbeiwünschte. Mit dem Knotenstock ist auch eine innere Gefühlskälte zu durchwandern, wobei man sich leicht verirren kann, wenn Herzenswärme fehlt!

Diese Kälte stellt sich z. B. ein, wenn die Energie auf Widerstand in Nacken und Kehle stösst, wo die Trennung von Körper
und Kopf naturgemäss sitzt. So erwähnen beide Dichter vorerst
Kehle (Gurgel) und Nacken, bevor sie von einer Um-
strukturierung, oder zumindest einer versuchten, des Hirns erzählen.

Und daher lautet der letzte Absatz in «Der Prozess»:

> *Aber an K.s Gurgel legten sich die Hände des einen Herrn,*
> *während der andere das Messer ihm tief ins Herz stiess und*
> *zweimal dort drehte. Mit brechenden Augen sah noch K., wie*
> *die Herren, nahe vor seinem Gesicht, Wange an Wange*
> *aneinander gelehnt, die Entscheidung beobachteten. «Wie*
> *ein Hund!», sagte er, es war, als sollte die Scham ihn*
> *überleben.*

> (Franz Kafka/Der Prozess/dtv 2644/S. 278)

Der Stich ins Herz wird auf ein krankes, erkaltetes Herz hinweisen, durchwanderte K. doch danach, im «Schloss» erzählt,
für lange Zeit die erwähnte, kalte Schneelandschaft. Bevor er
das Dorf betrat, rastete er für längere Zeit auf einer Holzbrücke,
die von der Landstrasse zum Dorf führte. Auch eine Brücke, die
in eine veränderte Lebenssituation hinüberführt!

Und vergleichbar klagte Faust, nachdem er mit Mephistopheles
das Labyrinth verlassen hatte:

> *Wie rast die Windsbraut durch die Luft!*
> *Mit welchen Schlägen trifft sie meinen Nacken!*

> (Goethe, Faust I, Zeile 3936 u. f.)

Goethe setzt noch weitere Marken, um auf Probleme von
Nacken und Kehle hinzuweisen. Als sie zum Blocksberg ge-
langten, wo Faust bald mit einer jungen Schönen tanzte, sprang
ihr eine eklige, rote Maus aus dem Mund. Die zum Hals

drängenden Energien verursachen oft heftigen Brechreiz, was Goethe mit dieser Maus zeigt. Dann bekamen Mephistopheles und Faust die schreckliche Medusa zu sehen, die jeden zu Stein erstarren lässt, der ihr ins Gesicht blickt. Ihr Kopf sass zwar auf dem Hals, war aber durch einen feinen Schnitt vom Körper getrennt.

Sind die Hindernisse in Nacken und Kehle überwunden, fliesst die Energie weiter ins Hirn, das mit unserer Entfremdung zum Labyrinth wurde. Das aus der Mythologie wohl bekannteste Labyrinth ist dasjenige auf Kreta, in dem der Minotaurus gefangen gehalten wurde. Diesem Ungeheuer waren jährlich sieben Jünglinge und sieben Jungfrauen zu opfern. Die Sieben verweist auch hier auf den Kopf – wie auch die Gestalt des Minotaurus; ein Monster, dem ein Stierkopf auf einem Menschenkörper sitzt. Die mit unserer Natur kollidierenden Forderungen der Zivilisierung machen aus unseren Hirnen verwirrende Labyrinthe, lebensgefährliche unheimliche Orte, aus denen schwer zu entkommen ist, es sei denn, wir haben den Faden der Ariadne, den sie dem Helden Theseus ins Labyrinth mitgab, dem Bezwinger des Minotaurus. Diesen Faden hatte Theseus auf dem Weg durchs Labyrinth hinter sich her abzuspulen und konnte dann, nachdem er den Minotaurus ermordete, dem Faden folgend zum Eingang zurückfinden.

Es ist Nietzsche, der uns hilft, die Bedeutung dieses Fadens zu enträtseln. In «Ecce Homo» meint er in seiner darin anzutreffenden unbescheidenen Manier:

Wer weiss ausser mir, was Ariadne ist.

(Friedrich Nietzsche/Ecce Homo/Goldmann Klassiker 7511/S. 168)

Nun fragt er nicht, wer Ariadne ist, sondern was! Sie stellt also für Nietzsche etwas Bestimmtes dar. Was es sein wird, sagen uns die letzten Verse des Gedichts «Klage der Ariadne», in dem Dionysos zu ihr sagte:

Sei klug, Ariadne!
Du hast kleine Ohren, du hast meine Ohren:
steck ein kluges Wort hinein! –
Muss man sich nicht erst hassen, wenn man
sich lieben soll?
Ich bin dein Labyrinth ...

(Friedrich Nietzsche/Ecce Homo, Klage der Ariadne
Goldmann Klassiker 7511/S. 217)

Nach grossem Leid, geschüttelt von unbekannten Fiebern, wie
Nietzsche im Paradies der alten Schlange litt, erschien Dionysos
der Ariadne. Die Mahnung, klug zu sein, wollen wir dafür
nehmen, dass dadurch eine vorteilhafte Wendung herbeigeführt
werden kann. Nun wird aber selbst Nietzsche sich kein kluges
Wort ins Ohr stecken können. Man steckt sich vielleicht mal
was rein, um kein Wort mehr zu hören. Nahe den Ohren wird
jedoch der Kindlingeffekt gezündet. Und riet ihr Dionysos klug
zu sein, und sagte, du hast meine Ohren, ist dies wohl so
gemeint, dass sie klug sein und bei sich den Kindlingeffekt
wecken soll. Den symbolisiert Dionysos mit dem Thyrsos.

Die Libido-Energie ins Hirn geleitet, bewirkt dessen Umstruk-
turierung, eine ungemein schwer zu lösende, gefährliche Aufgabe. Dies ist durch den kaum auffindbaren Weg aus dem
Labyrinth dargestellt sowie auch mit der tödlichen Bedrohung
in Gestalt des mordenden Minotaurus. Ich denke, dass einige
der grossen Künstler sich in diesem Labyrinth verirrten und
dabei irre wurden. Wie ich vermute, war dies auch Nietzsches
Schicksal. Oder starb er vielleicht doch an Syphilis, wie dia-
gnostiziert wurde? Dies wurde allerdings nicht sicher-gestellt.
So findet sich in einem Ärzteblatt im Netz:

«Eine Obduktion zur Sicherung der Diagnose fand nicht
statt.»
https://www.aerzteblatt.de/archiv/21950/Nietzsches-
Krankheit-Genie-und-Wahnsinn

Dass für andere, äusserst rätselhafte Erkrankungen Nietzsches keine Ursachen ausgemacht werden konnten, lässt an die Möglichkeit denken, dass seiner Umnachtung dieselben unbekannten Ursachen zugrunde liegen könnten wie diesen geheimnisvollen Krankheiten.

In dem folgenden längeren Zitat von Goethe will ich der von mir gestellten Forderung gerecht werden, also jede Aussage interpretieren, ohne eine einzige auszublenden. Goethe beschreibt darin den Tanz – den Orgasmusreflex und die diesen verursachende Energie. Allerdings durfte er dies zu seiner Zeit nur sehr verkappt tun. Über die Haarpracht von Lilith kann ich nur mutmassen. Aber Goethe wird kaum nur hübsches Kopfhaar gemeint haben, wird man sich doch einzig wegen ihrer Haarpracht von keiner Frau gefangen nehmen lassen. Ich vermute, dass mit diesem Haar der Kindlingeffekt symbolisiert ist, was Mephistopheles, sollte Faust ihn erleben und damit von der Höllenfahrt befreit werden, selbstverständlich nicht entgegen kommt. Deshalb warnte er vor Lilith (s. u. Zeilen *4120-4125)*:

Mephistopheles:

Frau Muhme! Sie versteht mir schlecht die Zeiten.   *4110*
Getan, geschehn! Geschehn, getan!
Verleg Sie sich auf Neuigkeiten!
Nur Neuigkeiten ziehn uns an.

Faust:

Dass ich mich nur nicht selbst vergesse!
Heiss ich mir das doch eine Messe!   *4115*

Mephistopheles:

Der ganze Strudel strebt nach oben;
Du glaubst zu schieben, und du wirst geschoben.

Faust:

Wer ist denn das?

Mephistopheles:

Betrachte sie genau!
Lilith ist das.

Faust:

Wer?

Mephistopheles:

Adams erste Frau.
Nimm dich in acht vor ihren schönen Haaren,   *4120*
Vor diesem Schmuck, mit dem sie einzig prangt.
Wenn sie damit den jungen Mann erlangt,
So lässt sie ihn so bald nicht wieder fahren.

Faust:

Da sitzen zwei, die Alte mit der Jungen;
Die haben schon was Rechts gesprungen!   *4125*

Mephistopheles:

Das hat nun heute keine Ruh.
Es geht zum neuen Tanz, nun komm! wir greifen zu.

Faust (mit der Jungen tanzend):

Einst hatt ich einen schönen Traum
Da sah ich einen Apfelbaum,
Zwei schöne Äpfel glänzten dran,   *4130*
Sie reizten mich, ich stieg hinan.

Die Schöne:

Der Äpfelchen begehrt ihr sehr,
Und schon vom Paradiese her.

Von Freuden fühl ich mich bewegt,
Dass auch mein Garten solche trägt   *4135*

Mephistopheles (mit der Alten):

Einst hatt ich einen wüsten Traum
Da sah ich einen gespaltnen Baum,
Der hatt ein ungeheures Loch;
So gross es war, gefiel mir's doch.

Die Alte:

Ich biete meinen besten Gruss   *4140*
Dem Ritter mit dem Pferdefuss!
Halt Er einen rechten Pfropf bereit,
Wenn Er das große Loch nicht scheut.

Faust I (Zeilen 4110–4143)

Es ging also um Neuigkeiten, wie Mephistopheles bemerkte. Daher lehnte er Souvenirs an alte Schandtaten ab, die eine Trödlerin den beiden andrehen wollte. (4113)

Dann klärte Mephistopheles Faust auf: «Du glaubst zu schieben, und du wirst geschoben.» (4117) Da sie auf dem Weg zum Tanz waren, wird es die uns bekannte Kraft gewesen sein, die Faust schob. Und ist es ihm eine ausserordentliche Messe, worüber er sich beinahe selbst vergisst (4114) – ist damit eine Messe gemeint, in der tatsächlich noch eine Wandlung stattfindet. Dass damit die Kundalini gemeint ist, lässt der nach oben strebende Strudel vermuten (4016), der ein Bild für die aufstrebende Kundalini sein wird, ist es doch sie, die zu neuem Tanz bewegt – den Goethe ja einzig als «neu» bezeichnet! (4127)

Dass er in den während des Tanzes geführten Dialogen mit sexuellen Anspielungen nicht spart, legt zudem nahe, dass er mit diesem Tanz den Orgasmusreflex meint. Das Ganze ist sehr verschlüsselt, aber hätte Goethe den Reflex zu seiner Zeit, ohne gestraft zu werden, verständlicher beschreiben dürfen? Man eckt doch damit auch in unserer aufgeklärten Zeit noch oft an!

Mit der Erwähnung Liliths (4119), Adams erster Frau, führt uns auch Goethe zurück in die Zeit vor dem biblischen Sündenfall, in die Zeit vor der Verführung zu Gut und Böse durch die biblische Schlange. Von Lilith sind verschiedene Sagen überliefert. In einer, der hier wohl relevanten, lebte sie als Schlangenweib im Lebensbaum, halb Schlange, halb Weib, bis dieser gespalten und sie hinaus in die Wüste vertrieben wurde. An diese Mythe wird Goethe wohl anknüpfen, wenn er Mephistopheles sagen lässt, dass er einst in einem wüsten Traum einen gespaltenen Baum sah (4137). Dieses Schlangenweib wird eine Vorgängerin der jüdisch-christlichen Paradiesschlange sein; allerdings zur Hälfte eine Frau - einerseits das Weib, das Männer hinan zieht (Goethe) und zur anderen Hälfte eine Schlange; vorstellbar, dass sie fähig ist zu einem verführerischen Tanz. Sie verführt aber kaum zum Wissen um Gut und Böse.

Lilith bekamen die beiden jedoch nur von fern zu sehen. Auch warnte Mephistopheles vor ihrem schmucken Haar, mit dem sie junge Männer erlangen und kaum mehr fahren lassen soll. Was aber könnte an ihrem Haar unwiderstehlich gelockt und gefesselt haben? In der Bibel nachgesucht, findet sich der aussergewöhnliche Haarschopf von Samson, zu sieben Flechten geflochten. Von diesem Haar hing seine unbezwingbare Kraft und seine Unabhängigkeit ab. So konnte er erst überwältigt werden, nachdem ihm im Schlaf die sieben Haarflechten abgeschnitten wurden.

Nun soll dies nach diesem immer wieder umgeschriebenen Buch geschehen sein, weil Samson eine Philisterin liebte und besuchte, Delila, die Frau eines feindlichen Stammes. Sie soll ihn gegen Silberlinge verraten haben. Vielleicht aber warfen die

Israeliten der Fremden ganz einfach Dreck nach. Dabei ist denkbar, dass Samson nur bei ihr eine erfüllende Liebe fand – noch unverdorben durch das eifersüchtige Herrschen Jehovas und an einem Orte lebend, wo der ekstatische Tanz um den gefeierten Stier noch nicht verboten war.

Samson sind wir ja schon bei Henry Miller begegnet:

> *Sterne, Sterne ... wie ein Schlag zwischen die Augen, und alles Erinnern plötzlich ausgelöscht. Ich war Samson, ich war Lackawanna, und ich starb als Einzelwesen in der Verzückung vollen Bewusstseins.*
>
> (Henry Miller/Wendekreis des Steinbocks
> Rowohlt Nr. 80601080/S. 182)

Haben Liliths und Samsons Haare allenfalls mit Kronen zu tun? Sind sie ein ihnen entsprechendes Symbol? Kronen gab es nicht schon immer. Ursprünglich könnte also auch eine Haarpracht als Symbol der Reife, für den Kindlingeffekt, genutzt worden sein. Dies ist in Samsons Fall sehr wahrscheinlich, war doch sein Haar zu sieben Zöpfen geflochten. Und vielleicht symbolisiert auch Liliths herrlicher Haarschmuck ein freies, noch unverdorbenes Hirn, ein Leben im noch ungespaltenen Lebensbaum. Würde sich nun Faust solches Haar gewinnen, wäre er für Mephistopheles verloren, der Hölle entkommen. Mephistopheles hatte also aus Eigeninteresse vor dieser Haarpracht zu warnen, sollte doch Faust mit ihm zur Hölle fahren.

Auch Kafka schreibt im «Schloss» vom Kindlingeffekt, im zweiten Gespräch zwischen der Wirtin und K. Diesen stellt Kafka bildlich dar durch drei oder vier Mägde in einer „lichten" Küche und ein der Wirtin von Klamm geschenktem Häubchen, das ihr über dem Scheitel, inmitten einer es umgebenden Haarpracht sitzt. (Mehr siehe unten S. 165 ff.)

Aber soweit sich die Geschichte auf dem Blocksberg bisher entwickelte, hängt die Sieben sowieso noch zu hoch. So kamen

Mephistopheles und Faust nicht in Kontakt mit Lilith, sondern sahen sie nur von fern und blieben bei einfacheren Frauen hängen. Faust tanzte bald mit einer schönen Jungen und Mephistopheles mit einer verdorbenen Alten. Faust hatte dabei zwei verführerische Äpfelchen vor Augen, nach denen er auch schon mal den Baum hochgestiegen sein soll. Und solche hatte zu beider Freude die Schöne zu bieten. Die peinliche biblische Paradiesschlange wird auch Goethe durchschaut haben, was uns sein Märchen lehrt, in dem die Schlange eine leuchtende Brücke zur Seligkeit bildete.

Zwischen Mephistopheles und der Alten ging es unschicklicher zu und her als allenfalls ein gewagter Blick in den Ausschnitt und ein Seitenhieb gegen den biblischen Baum der Erkenntnis, bei dem es sich um verbotene Äpfel handelte – während die Äpfelchen der Schönen doch Faust und ihr Freude bereiteten. Zwischen den Alten ist die Rede von einem gespaltenen Baum mit einem ungeheuren Loch, für das Mephistopheles einen grossen, passenden Pfropfen bereithalten soll (4142). Dieser Tanz ist stark gewürzt mit teils groben sexuellen Anspielungen – offenbar wurde Goethe von einer sinnlichen Libido in gewagte Gebiete geschoben.

Wurde in der Walpurgisnacht tatsächlich der hier diskutierte neue Tanz getanzt, könnte als Sitz der vordem schlafenden Kundalini auch der Steiss erwähnt werden. Und davon ist auch die Rede! Goethe liess dazu eine Figur auftreten, die er Proktophantasmist nennt. In Wikipedia finden wir dazu Folgendes, vielleicht etwas unzuverlässig, aber es wird uns zumindest eine ungefähre Vorstellung des Sachverhalts geben:

Christoph Friedrich Nicolai litt im Frühjahr 1791 acht Wochen lang an einer psychischen Störung, in deren Folge er Geistererscheinungen hatte. Er kurierte sich mit am Gesäss angesetzten Blutegeln (eine seinerzeit verbreitete medizinische Methode) und berichtete über gute Erfolge dieser Massnahme sogar vor der Berliner Akademie der Wissenschaften.

Im «Faust» wurde dieser Nicolai zur Unperson Proktophantastmist, den Goethe auf dem Blocksberg auftreten lässt, wo er Geister und Geist zu vertreiben versuchte.

Die Schöne:
So hört doch auf, uns hier zu ennuyieren!

Proktophantastmist:
Ich sag's euch Geistern ins Gesicht:
Den Geistesdespotismus leid ich nicht;
Mein Geist kann ihn nicht exerzieren.
(Es wird fortgetanzt.)
Heut, seh ich, will mir nichts gelingen;
Doch eine Reise nehm ich immer mit
Und hoffe noch vor meinem letzten Schritt
Die Teufel und die Dichter zu bezwingen.

Mephistopheles:
Er wird sich gleich in eine Pfütze setzen,
Das ist die Art, wie er sich soulagiert,
Und wenn Blutegel sich an seinem Steiss ergetzen,
Ist er von Geistern und von Geist kuriert.

(Faust I/Zeile 4165 u. f.)

Dies anscheinend wie zusammenhanglos eingefügte Zwischenspiel mit Proktophantastmist ergibt keinen Sinn, es sei denn, Goethe will darauf hinweisen, dass ebenda im Steiss Geist und Geister ihren Anfang nehmen – wie im Yoga die Kundalini! Ich denke mir, nebenbei bemerkt, durchaus möglich, dass Geist und Geister durch Blutegel, also durch eine Blutarmut im Steiss, vertrieben werden können.

16

Nach Nietzsche sind die Sieben in uns.

Und in sieben Teile zerlegt er alles Gebratene:
einen legt er den Nymphen, und Hermes, dem Sohn der
Maia,
betend den anderen hin; die übrigen reicht er den
Männern.
Aber Odysseus verehrt' er den unzerschnittenen Rücken.

(Homer/Odyssee/Übersetzung Voss/Zeilen 434–437)

Andere Übersetzer, bei denen ich nachsah, haben nichts dem unverschnittenen Rücken Ähnliches übersetzt. Dies wird Homer jedoch erwähnt haben, weil Odysseus' Rücken, um späteren Strapazen standhalten zu können, gesund und unversehrt sein musste. Den anderen Übersetzern wird es etwas ungeschliffen vorgekommen sein, sollte doch ein Gastgeber die Mühe nicht scheuen, den Rücken in kleinere Teile zu zerlegen. Davon, wie heftig dieser Tanz durchschütteln kann, war schon die Rede. So könnten Homers Zeilen Kafka dazu inspiriert haben, in «Forschungen eines Hundes» von den sieben tanzenden Musikhunden zu schreiben:

... wunderte ich mich über ihren Mut sich dem, was sie
erzeugten, völlig und offen auszusetzen, und über ihre Kraft,
es, ohne dass es ihnen das Rückgrat brach, ruhig zu
ertragen. (den Tanz der sieben Musikhunde)

(Franz Kafka/Forschungen eines Hundes/Fischer Klassik 90371/S. 380)

Bei Kafka sind es sieben tanzende Hunde. In sieben Teile wird bei Odysseus' Ankunft auf seiner Heimatinsel alles Gebratene zerlegt. Die Zahl Sieben ist nur von Kafka gleichzeitig mit dem

Tanz erwähnt. Doch wurde Odysseus von den Phäaken, einem Inselvolk, das für seine Tänze berühmt war, traumverloren auf seine Heimatinsel geschifft, wo ihn dann ein Schweinehirt zum Essen einlud. Dass der Hirt das Schwein in sieben Teile zerlegte und Hermes opferte, zeigt, dass es sich um die Sieben des Thyrsos handelte.

Wie schon gesagt, lehrt Wilhelm Reich, dass die muskulären Panzerungen segmentär angeordnet sind. Fünf Segmente entsprechen den Orten der Austrittsstellen der Nerven aus dem Rückenmark und den ihnen zugehörigen Ganglien, das sechste und siebte der Stirn und dem Scheitel. Es ist zu vermuten, dass es immer wieder Menschen gab, die da Gefühle erlebten. Andere haben diese Sensibilität anscheinend verloren. Jedoch gibt sich auch von ihnen hin und wieder mal einer die Mühe, uns die Sieben zu erklären. So las ich ein Buch von Professor Iring Fetscher, in dem er die Zahl Sieben bei Schneewittchen damit erklärt, dass sie mit dem deutschen Siebengebirge zu tun hätte, hinter dem sich das Märchen der Überlieferung nach abgespielt haben soll. Aber interpretiert Fetscher vielleicht als Ursache, was dichterisches Mittel ist, eine schwer belastete Situation zu beschreiben – legen sich womöglich Traumata schwer wie Berge auf die sieben Segmente? Zählt man zum Beispiel bei Hans im Glück die Dinge, von denen er sich befreite, bevor er glücklich zurück nach Hause fand, also von Goldklumpen, Pferd, Kuh usw., sind es ebenfalls sieben. Den Goldklumpen erhielt er zudem für sieben Jahre treuen Knechtdienst. Und in Fetschers Buch ist ausserdem das Märchen «Der Wolf und die sieben jungen Geisslein» besprochen. Da übergeht der Autor leider diese Zahl. Vermutlich konnte er dieses Märchen, wie auch die vielen anderen, in denen ebenfalls die Sieben erwähnt ist, wegen allzu grossem Gedränge nicht auch noch hinter dem Siebengebirge ansiedeln.

Nun erfahren wir von Nietzsche, dass es sieben Teufel waren, die ihm schwer zusetzten und deren Aufenthaltsort er auch anspricht:

Einsamer, du gehst den Weg zu dir selber! Und an dir selber führt dein Weg vorbei und an deinen sieben Teufeln!

Einsamer, du gehst den Weg des Schaffenden: einen Gott willst du dir schaffen aus deinen sieben Teufeln!

(Friedrich Nietzsche/Also sprach Zarathustra/dtv 30154/S. 82)

Nach Nietzsche finden sich die Sieben also in uns! Und der Gott, der aus diesen sieben Teufeln geschaffen werden soll, wird Dionysos mit dem Thyrsos sein. Auch Rilke schrieb an der Stelle, wo sich einer einen Stock ans Rückgrat presste, in den alle seine Kraft einging und an dem er mit wildem Glauben hing:

Hier entstand ein Gott und seine Welt erhob sich wider ihn.

(Rainer Maria Rilke/Brief an Lou Andreas-Salomé
Worpswede/18. Juli 1903)

Die Sieben zu verstehen gab uns Nietzsche noch weitere Hinweise. Zählen wir die Chakren von unten nach oben, ist das siebte der Scheitel. Von Zarathustra erzählt er:

Sechs Einsamkeiten kennt er schon –, aber das Meer selbst war nicht genug ihm einsam, die Insel liess ihn steigen, auf dem Berg wurde er zur Flamme, nach einer siebenten Einsamkeit wirft er suchend jetzt die Angel über sein Haupt.

(Friedrich Nietzsche/Das Feuerzeichen/Goldmann Klassiker 7511/S. 211)

Was Zarathustra über seinem Haupt zu angeln versuchte, wird durch das nächste Zitat verständlicher. Die Kritik an «Erlösern» soll uns hier jedoch nicht beschäftigen. Interessant für uns ist, dass die Sieben mit Erkenntnis zu tun hat – durch sie der Himmel erkannt wird:

Wahrlich, ihre Erlöser selber kamen nicht aus der Freiheit und der Freiheit siebentem Himmel! Wahrlich, sie selber wandelten niemals auf den Teppichen der Erkenntniss!

(Friedrich Nietzsche/Also sprach Zarathustra/dtv 30154/S. 118)

Ist dieser siebte Himmel tatsächlich über unseren Köpfen zu angeln? Es werden damit jedenfalls auch Vorgänge in unserem Hirn, im Scheitellappen gemeint sein. In den vorausgehenden Zitaten ist ja zu lesen, dass Nietzsche von einer Plackerei mit eigenen sieben Teufeln spricht. Und die werden in den fünf Segmenten und im Kopf stecken. Nietzsche war jedoch nicht der Einzige, der eine Angel über seinem Haupt auswarf. Dies taten auch Shakespeare, Goethe und Kafka, was ich noch zeigen werde.

Die sieben Chakren und Nietzsches sieben Teufel mit all dem, was bisher zur indischen Schlange und dem Thyrsos gesagt wurde, als das Wissen auszumachen, das nach alter Legende Dionysos von Indien nach Griechenland brachte, scheint mir belegt. Nietzsche meint mit seiner Schlange die Kundalini des Yoga.

Das sah unter anderen ebenfalls Giorgio Colli nicht, der im Nachwort meiner dtv-Ausgabe zu «Also sprach Zarathustra» schreibt:

Es ist müssig, in diesem Buch nach der Grundlage einer «Theorie» des Übermenschen ... zu suchen, erstens schon deshalb, weil es keine Theorie gibt, die völlig auf eine deduktive Rechtfertigung – die hier völlig fehlt – verzichten könnte ...

(Friedrich Nietzsche/Also sprach Zarathustra/dtv 30154
Nachwort S. 411–412)

Anscheinend gibt es diese Theorie doch. Und ob Nietzsche in seiner Dichtung den Übermenschen deduktiv zu rechtfertigen hat, darf auch hinterfragt werden.

Dieses Unverständnis wird Colli mit den meisten Interpreten teilen, wäre doch andernfalls dieser Kommentar vom Verlag gestrichen worden.

Wieder überrascht E.T.A. Hoffmann mit dem Märchen «Klein Zaches genannt Zinnober» (erste Herausgabe 1819). Darin gibt er einen Fingerzeig, wovon sein Werk handelt und was andere grosse Dichter uns mitzuteilen versuchen. Die Sieben ist zwar nur kurz durch die Anwesenheit von sieben Kammerherren erwähnt, die Beweise für Erklärungen des Arztes verlangten. Aber unmissverständlich geht es auch Hoffmann um die Nervenaustrittsstellen aus der Wirbelsäule und die zugehörigen Ganglien.

Klein Zaches war ein hässlicher, verdorbener Idiot, reüssierte aber dank eines Zaubers in kürzester Zeit als einflussreicher Politiker. Er hinterliess den Eindruck der Makellosigkeit und erwarb sich Knöpfe als Auszeichnungen für seine politische Tätigkeit. Sein früher Tod soll keine physische, sondern eine:

unermesslich tiefe psychische Ursache

(E.T.A. Hoffmann/Klein Zaches genannt Zinnober/Reclam 306/S. 108)

gehabt haben, wie der Arzt meinte, der gegen dessen Machenschaften ankämpfte. Es sollen Ganglien durch die mit Knöpfen gespickte Jacke, die ihm anstelle von Orden für seine politischen Leistungen geschenkt wurden, in ihren Funktionen schmerzhaft gehindert worden sein, was zu seinem frühen Tod führte. Der Arzt erklärte:

... vorzüglich aber die Köpfe auf dem Rücken, wirkten nachteilig auf die Ganglien des Rückgrats. Zu gleicher Zeit verursachte der Ordensstern einen Druck auf jenes knotige

fadichte Ding zwischen dem Dreifuss und der oberen Gekröspulsader, das wir das Sonnengeflecht nennen, und das in dem labyrinthischen Gewebe der Nervengeflechte prädominiert ... Ist aber nicht die freie Leitung des Zerebralsystems die Bedingung des Bewusstseins, der Persönlichkeit, als Ausdruck der vollkommensten Vereinigung des Ganzen in einem Brennpunkt? Ist nicht der Lebensprozess die Tätigkeit in beiden Sphären, in dem Ganglien- und Zerebralsystem? – Nun! genug, jener Angriff störte die Funktionen des psychischen Organismus. Erst kamen finstere Ideen von unerkannten Aufopferungen für den Staat durch das schmerzhafte Tragen jenes Ordens usw., immer verfänglicher wurde der Zustand, bis gänzliche Disharmonie des Ganglien- und Zerebralsystems endlich gänzliches Aufhören des Bewusstseins, gänzliches Aufgeben der Persönlichkeit herbeiführte.

(E.T.A. Hoffmann/Klein Zaches genannt Zinnober/Reclam 306/S. 108)

Hoffmanns Kritik an Politikern beiseitegelassen, begriff er also schon vor Reich, was zu falschem Denken und stumpfem Fühlen führt – Druck auf unsere Ganglien und das Sonnengeflecht. Damit wird sich eines Tages auch die Neurologie auseinanderzusetzen haben, denn freie Leitungen des Zerebralsystems sind auch Voraussetzung für gesundes Denken, für gesundes Funktionieren unseres Hirns. Die Funktionen dieser «Leitungen» wiederherzustellen würde unser Denken bestimmt zu unserem Vorteil korrigieren.

Nun überrascht, dass Knöpfe auf dem Rücken angebracht wurden. Man darf sich dies bestimmt so übersetzen, dass es sich dabei um chronische Verspannungen handelte, die auf die Nervenaustritte und die Ganglien des Rückens drückten, und sich als Folge davon finstere Ideen herausbildeten.

Der Krüppel Klein Zaches verlor letzten Endes seine ihm verliehene Täuschungsfähigkeit, schön, wohlgestaltet und hoch begabt zu sein. Er wurde nun als das ihm innewohnende Wesen gesehen – ein Krüppel, den Täuschungen und Masken in Windeseile die politischen Sprossen hochklettern liessen. Möglicherweise helfen ja eingeschränkte Funktionen der Ganglien und des Zerebralsystems, um Politleitern zu erklimmen.

Interessant ist, dass auch Hoffmann das Bild eines inneren Krüppels unter einer erfolgreichen Maske zeichnete – und dass der zitierte Arzt, der den Kampf gegen Klein Zaches' falsche Machenschaften erfolgreich zum Sieg führte, darauf nach Indien reiste – womit auch Hoffmann auf eine indische Lehre anspielt!

Die sieben Segmente oder Chakren finden sich auch in vielen Beispielen unserer Sprache wieder, um Gefühle, aber auch ihr Fehlen zu beschreiben. Wendungen wie «tote Hose», «mir ist das Herz in die Hosen gerutscht», «Ich habe eine Wut oder Schmetterlinge im Bauch», «mir ist etwas über die Leber gekrochen», «milzsüchtig», «mir fällt ein Stein vom Herzen», «mir ist es leicht ums Herz» – hartnäckig werden sie es leugnen (siehe oben, Faust 5910), – «ein Brett vor dem Kopf», das man sich als an die Stirn genagelt vorstellen kann, also vernagelt – usw.

Wir sollten uns also von der Vorstellung lösen, dass Dichter die Zahl Sieben zwar immer wieder erwähnen, dabei jedoch nichts Bestimmtes vor Augen haben. Sie tun es nicht, weil sich die Sieben wunderbar zum Dichten eignet, eine Primzahl ist, wir höchstens sieben Dinge gleichzeitig erfassen können oder weil andere grosse Dichter sie auch schon benutzten. Diese Dichter sind gross und werden von anderen grossen Dichtern dafür geachtet, weil sie von tiefen Erlebnissen erzählen und den eigenen sieben Teufeln mutig gegenübertraten!

Im nächsten Kapitel werden wir mit Zarathustra die Angel suchend über unseren Köpfen auswerfen. Sich darauf einzulassen bringt Schrecken, die uns kaum mehr als das Bewusstsein eines in böigem Entsetzen wirbelnden Laubblattes lassen.

Dieses Kapitel kündige ich mit den Worten Servibilis' aus Goethes «Faust» an:

Gleich fängt man wieder an.
Ein neues Stück, das letzte Stück von sieben.
So viel zu geben ist allhier der Brauch ...

(Goethe/Faust I/Zeile 4215 u. f.)

17

Die Zahl Vier und die Königskrone. Das Nachthäubchen der Wirtin. Der Knabe Lenker und seine über dem Scheitel brennende Gabe.

Denn so ganz unbegreiflich ist sie, so völlig gegen uns, dass unser Gehirn sich zersetzt an der Stelle, wo wir uns anstrengen, sie zu denken. Und dennoch, seit einer Weile glaube ich, dass es unsere Kraft ist, alle unsere Kraft, die noch zu stark ist für uns. Es ist wahr, wir kennen sie nicht, aber ist es nicht gerade unser Eigenstes, wovon wir am wenigsten wissen?

(Rainer Maria Rilke/Die Aufzeichnungen des Malte Laurids Brigge dtv 2619/S. 153)

Weiss man allerdings, wie leicht Naturvölker diese Energien noch zu wecken wussten, wird man eher zur Ansicht neigen, dass wir für diese Kraft zu schwach geworden sind. In unserem Kulturkreis steht dieser Weg nur noch wenigen offen und von ihnen scheitern leider viele im siebten Akt.

Von dieser Kraft erzählt Goethe in dem schon teils besprochenen Märchen. Wie ich vermute, wählte er dafür den Titel «Das Märchen», um einigen Romantikern verstehen zu geben, wovon Märchen erzählen, und zu zeigen, dass einzig skurrile Begebenheiten anzuhäufen noch kein Märchen ausmachen.

Im «Märchen» gehen die zwei schon erwähnten Irrlichter um, längliche, agile Flammen, die seltsamerweise auch «Herren» genannt werden. Zu diesen Irrlichtern bemerkte Goethe, dass nur sie befähigt seien, das Tor zum Heiligtum zu öffnen. Dafür leckten sie mit spitzen Flammen das goldene Schloss des Tores weg. Im Raum dahinter stiessen sie auf eine Gruppe von vier Königen. Einer von ihnen forderte für sich die Herrschaft. Er ist aus nicht richtig zusammengeschmolzenem, gemischtem Material. Es ist eine weitere Aufgabe der Irrlichter, diesen verdorbenen, hässlichen König zu beseitigen. Dazu lecken sie das Gold aus ihm. Die Gelenke versteifen, die Knochen verlieren ihre Festigkeit und verbiegen sich. Er fällt in sich zusammen. Diesen König hat man sich als die Personifizierung verschiedener Funktionen des Frontalcortexes vorzustellen, als das Ich, das uns auf unserer Natur entfremdeten Wegen steuern soll.

Dieses Ich zu heilen wird nur dann möglich sein, wenn die beiden Meridiane, oder eben die diesen entsprechenden Irrlichter, in den Wirbelkanal geleitet und von da weiter ins Hirn gelenkt werden. Das zeigt Goethe im «Märchen», indem die beiden Irrlichter immer wieder mal Gold von sich schüttelten und damit eine Schlange fütterten, die darauf immer heller leuchtete und später die Brücke über den Fluss zum Palast und Königspaar bildete.

Im Folgenden werde ich aufzeigen, wie Kafka im «Schloss» den Thyrsos personifiziert. Dazu ist zu verstehen, dass es naheliegend ist, mit bioenergetischen Phänomenen genauso zu verfahren wie mit Charaktereigenschaften, die ja in der Literatur auch personifiziert werden. Ist Verdrängtes in chronischen Verspannungen gebunden und sind dadurch Energien irritiert, macht dies ja den Charakter aus. Reich schreibt passend dazu:

Sind doch nach unseren therapeutischen Anschauungen die charakterlichen und die muskulären Panzerungen völlig identisch.

(Wilhelm Reich/Funktion des Orgasmus/KiWi Verlag/S. 248)

Die beiden seitlich der Wirbelsäule fliessenden Meridiane wie Goethe durch Irrlichter darzustellen, bietet wenig Möglichkeiten, das Phänomen zu veranschaulichen. Personen bieten mehr Handlungsspielraum, können sie doch auch mal ein Bier trinken, raus in die Kälte gejagt werden, an geschlossene Türen klopfen, ihre Köpfe aneinanderschmiegen und altern.

Von Kafka wird der Leser häufig durch Widersprüche zum Aufmerken gestupst. So in Folgendem, das mich erstmals darauf brachte, die beiden Gehilfen im «Schloss» als Entsprechungen der beiden Schlangen des Thyrsos zu sehen:

> *«Es ist schwer mit euch», sagte K. und verglich wie schon öfters ihre Gesichter, «wie soll ich euch denn unterscheiden? Ihr unterscheidet euch nur durch die Namen, sonst seid ihr einander ähnlich wie» – er stockte, unwillkürlich fuhr er dann fort – «sonst seid ihr einander ja ähnlich wie Schlangen.» Sie lächelten. «Man unterscheidet uns sonst gut», sagten sie zur Rechtfertigung.*

(Franz Kafka/Das Schloss/Reclam 9678/S. 24)

Dafür, dass die beiden Gehilfen den beiden Schlangen des Thyrsos entsprechen, gibt uns Kafka noch weitere Hinweise. Zu der Zeit, als die Abenteuer im «Schloss» für K. noch nicht absehbar in den Niedergang führten, erzählt er:

> *... und dann zeigte K. auch auf die Gehilfen, die einander umfasst hielten, Wange an Wange lehnten und lächelten, man wusste nicht, ob demütig oder spöttisch ...*

(Franz Kafka/Das Schloss/Reclam 9678/S. 28)

Sie lehnten also Wange an Wange, wie dies auch das von Hermes mit dem goldenen Stab geschlagene Schlangenpaar tat. Und ähnlich beschreibt Kafka im letzten Absatz von «Der Prozess» die zwei Mörder des Protagonisten Josef K.:

> *... wie die Herren, nahe vor seinem Gesicht, Wange an Wange aneinander gelehnt, die Entscheidung beobachteten.*

(Franz Kafka/Der Prozess/dtv2644/S. 278)

Es findet sich noch eine weitere, meine These bekräftigende Stelle im «Schloss». Darin hätte K. die beiden Gehilfen gern mit seinem Knotenstock nach Hause getrieben. Von einem Zuhause der Gehilfen ist allerdings nirgendwo sonst die Rede. Und aus dem Schulzimmer, wo sie zuletzt gewohnt hatten, verjagte sie K. eigenhändig. Aber trotzdem wünschte er sich, sie mit seinem Stock nach Hause treiben zu können:

> *«Fort!», schrie K. «Wenn ihr mir schon entgegengekommen seid, warum habt ihr nicht meinen Stock mitgebracht? Womit soll ich euch denn nach Hause treiben?» Sie duckten sich hinter Barnabas, aber so verängstigt waren sie nicht, dass sie nicht doch ihre Laternen rechts und links auf die Achseln ihres Beschützers gestellt hätten, er schüttelte sie freilich gleich ab.*

(Franz Kafka/Das Schloss/Reclam 9678/S. 129)

Entsprächen die Gehilfen den beiden Meridianen links und rechts der Wirbelsäule, wären sie mit einem Stock oder goldenem Stab, wie dies Hermes mit den beiden Schlangen des Thyrsos tat, in ihr Zuhause, in die Wirbelsäule und von da ins Hirn zu treiben.

Und Barnabas? Er ist Bote. Sicher erinnert sich Kafka an Hermes' Botenflüge, als er K. zu Beginn im «Schloss» zu Barnabas sagen lässt, nachdem er sich geisterhaft schnell vom Herrenhof entfernt hatte:

> *wie du fliegst.*

(Franz Kafka/Das Schloss/Reclam 9678/S. 33)

Was die Entsprechung von Barnabas und Hermes, bei Kafkas Humor, zudem wahrscheinlich macht, ist, dass der Götterbote Hermes auf beflügelten Sohlen flog, Barnabas jedoch als unterbezahlter Schustergeselle nie gebrauchte Stiefel flickte.

Zu einem personifizierten Thyrsosstab fehlt also nichts. Barnabas ist Bote wie Hermes. Wie zwei Schlangen gleichen sich die beiden Gehilfen und lehnen auch mal Wange an Wange. Beabsichtigte K. mit seinem Stock also dasselbe, was Hermes tat? Entsprächen die beiden Gehilfen den beiden Schlangen des Thyrsos, wäre ihr Platz hinter Barnabas' Rücken. Dahin flüchteten sie auch! Allerdings stellen sie, nicht sehr verängstigt, ihre beiden Laternen auf Barnabas' Schultern. Ginge es einzig darum, sich vor K. zu schützen, sich also zu verbergen, machte dies keinen Sinn. Ausserdem ist es äusserst bizarr, Laternen auf die Schultern eines anderen zu stellen, was vermuten lässt, dass Kafka damit etwas darstellen will – dass diese Ströme zu den Schultern hinfliessen, falls man unfähig ist, sie in den Wirbelkanal zu zwingen. Vermutlich werden keine anderen Verspannungen öfters massiert als ebenda, wo die Gehilfen die Laternen hinstellten.

Und wie es die Aufgabe von Goethes Irrlichtern war, das Tor zum Heiligtum, unserem Gehirn, zu öffnen, taten dies auch K.s Gehilfen. Von des bettlägerigen Vorstehers angeschlagener Libido, der im Dorf für K. zuständig war, und seiner Frau Mizzi war schon die Rede. Nach dem Gespräch zwischen dem Vorsteher und K. rissen die beiden Gehilfen zwei Türflügel weit auf. Zwar führten diese nicht gleich in ein Heiligtum, wie in Goethes «Märchen», sondern vorerst weg von kranken Verstrickungen, die dieser gichtige Vorsteher darstellte. Dadurch, dass K. sich nicht in dessen Elend schicken wollte, sich ihm also nicht unterstellte, nahm der Prozess seinen Fortgang; zunächst durch das von den Gehilfen aufgerissene Tor hinaus in die Kälte:

K. erhob sich. «Dann werde ich mich also empfehlen», sagte er. «Ja», sagte Mizzi, die schon eine Salbe zurechtmachte, «es zieht auch zu stark.» K. wandte sich um; die Gehilfen hatten, in ihrem immer unpassenden Diensteifer, gleich auf K.s Bemerkung hin beide Türflügel geöffnet. K. konnte, um

das Krankenzimmer vor der mächtig eindringenden Kälte zu
bewahren, nur flüchtig vor dem Vorsteher sich verbeugen.
Dann lief er, die Gehilfen mit sich reissend, aus dem Zimmer
und schloss schnell die Tür.

(Franz Kafka/Das Schloss/Reclam 9678/S. 82)

K. setzte sich also ein weiteres Mal der Kälte aus, Gefühlen,
denen er sich zu stellen hatte, falls er sich nicht in die Krankheit des Vorstehers schicken wollte.

Darauf erreichten die drei den Brückenhof, wo das zweite Gespräch mit der Wirtin folgte. Dabei geht es um den Kindlingeffekt, zu dem von den Gehilfen die Tore geöffnet wurden.

Nun erzählt Kafka allerdings schon gleich zu Beginn des
Schlosses von einem teils erlebten Effekt, was ich vorweg-
nehmen will. Als K. am Abend seiner Ankunft im Dorf mit dem
Schloss zu telefonieren versuchte, hörte er sonderbare
Geräusche aus dem Hörer:

Aus der Hörmuschel kam ein Summen, wie K. es sonst beim
Telefonieren nie gehört hatte. Es war, wie wenn sich aus
dem Summen zahlloser kindlicher Stimmen – aber auch
dieses Summen war keines, sondern war Gesang fernster,
allerfernster Stimmen –, wie wenn sich aus diesem Summen
in einer geradezu unmöglichen Weise eine einzige hohe,
aber starke Stimme bilde, die an das Ohr schlug, so, wie
wenn sie fordere, tiefer einzudringen als nur in das arm-
selige Gehör.

(Franz Kafka/Das Schloss/Reclam 9678/S. 26)

Dass das Gehör ein armseliges Organ ist, wird Kafka nicht
gedacht haben. Er wird den Leser damit auffordern, weiter zu
denken, lässt doch Gesang und Summen Ungewöhnliches vermuten. Etwas tiefer als das Gehör sitzen die Mandelkerne. Die
Ankunft im Dorf war also eine Ankunft im Kopf!

Vielleicht erwartet man jetzt, dass der Prozess gut behauene Stufen hoch, binnen Kurzem beendigt sein wird, wie dies in Märchen meist erzählt ist. Man darf sich den Prozess jedoch nicht derart schematisch vorstellen, wie er der Einfachheit halber meist dargestellt wird. Er ist voller Vorausnahmen und Rückschläge. Wenn Kafka erst ein Erlebnis erzählt, bei dem die Energien ins Hirn gelangen, können sie sich immer noch teils im Gekröse oder sonst wo gestaut haben, oder wieder stauen, und das Gehirn vielleicht für lange Zeit oder nie mehr erreichen. Um mit dem Prozess fortzufahren, muss demnach die Aufmerksamkeit auf weitere hindernde Ursachen gerichtet werden. Dies darzustellen ist Kafka Grossmeister! Sein Verdienst ist zu zeigen, wie seine Protagonisten von einem Hindernis zum anderen suchend schweiften, immer bemüht, den nötigen «Druck» aufzubauen, um die Energien ins Hirn zu zwingen. Aus diesem Grund regredierte K. zum misshandelten Schuldiener, in Hansens Alter, um seine verpasste Entwicklung nachzuholen.

Wir wollen aber K. und den Gehilfen auf ihrem frostigen Weg hin zur Wirtin folgen und rausfinden, was es im zweiten Gespräch zwischen K. und ihr zu entdecken gibt.

Im Brückenhof angekommen, führte sie ihr Weg zuerst durch eine «lichte» Küche, wo sie auf drei oder vier Mägde trafen, die bei K.s Anblick erstarrten. Vertauschte Kafka hier die vier Könige aus Goethes «Märchen» mit diesen Mägden? Die vierte Magd, die da sein könnte oder auch nicht, würde dann dem gemischten, verdorbenen König entsprechen. Nun soll uns ja das ewig Weibliche hinanziehen, wie Goethe meint. Daher wäre es für Kafka als Mann stimmiger, diese Anziehungskraft nicht durch Könige darzustellen, sondern durch weibliche Personen, also Königinnen oder Prinzessinnen. In unserer Zeit wären vielleicht Models dienlicher, die Prinzessinnen unserer Konsumreiche. Oder diese werden wie bei Kafka zu Küchenmägden, die uns in unserem täglichen Leben ja eher begegnen.

Jedenfalls fühlt es sich wie eine Liebessehnsucht an, aber auch deren Erfüllung, wenn es am Ort, wo die Krone sitzt, ungehindert strömt. Dass die Mägde bei K.s Anblick erstarrten, ist damit erklärbar, dass der Kindlingeffekt anfangs heftig erschrecken kann. Man stelle sich dazu vor, dass unvermittelt sprühende Lichter wie bengalische Kerzen im Kopf zu leuchten beginnen, wie oben erzählt. Deshalb beschreibt Kafka die Küche als licht!

Dass Kafka vom Kindlingeffekt wusste, lässt sich mit Sicherheit im zweiten Gespräch mit der Wirtin ausmachen. Er traf sie im Bett, in einem kleinen, dunklen Verschlag, der zur lichten Küche hin offen war. Aufgeregt und unglücklich wegen K., begrüsste sie ihn trotzdem wider Erwarten freundlich und bat ihn sogar, seine Hand halten zu dürfen. Danach folgte die Beschreibung ihrer bizarren Erinnerungsstücke an Klamm, deren Geliebte sie einst für kurze Zeit war. Sie bat K., ihr eines davon, ein Umhängetuch, aus dem Schrank zu reichen. Damit wollte sie sich zudecken, da sie das Federbett nicht ertrug. Nachdem sie dies getan hatte, atmete sie unbeschwert, als ob mit diesem Erinnerungsstück lecke Widerstände abgedichtet und sie unter diesem Tuch ein neurotisches Gleichgewicht gefunden hätte. Darauf zeigte sie K. das Foto eines Boten Klamms, durch den er sie zu sich rufen liess. Dieser Bote trainierte auf dem Foto Hochsprung. «So üben die amtlichen Boten», meinte die Wirtin dazu. Die absehbare Folge dieser Sprünge ist, nicht eben göttergleich, dass der Bote zurück auf den Boden plumpst. Klamms Bote bewältigte also keine weiten Strecken auf beflügelten Sohlen wie der Götterbote Hermes.

Das rätselvollste Erinnerungsstück ist ein Nachthäubchen aus zartem Spitzengewebe, das die Wirtin aufhatte. Daher, dass sie ihr reiches Haar rund um dieses Häubchen ordnete, ist zu schliessen, dass es über dem Scheitel sass. Nun schreibt Kafka anfangs, dass sie im Bett jünger aussehen würde als in Kleidern. Aber dem stellt er dann überraschend entgegen, dass dieses zu

kleine Nachthäubchen die Verfallenheit ihres Gesichts mitleid-
erregend machte. Wie aber konnte dieses Häubchen eine derartige Veränderung bewirken? Klein wie es war, umrahmte es
das Gesicht nicht, sondern es war von Haar umgeben. Dies hätte
ihren Gesichtsausdruck vor allem bestimmt, wäre da nicht eine
andere Sache. Das Häubchen ist eines der Erinnerungsstücke an
Klamm!

Auf religiösen, vor allem auf Abendmahlbildern, auf denen die
Erleuchtung der Apostel durch den Heiligen Geist dargestellt
ist, sind oft Flammen über den Scheiteln gemalt. Diese Flammen werden eine Aktivierung des unter dem Scheitel sitzenden
Scheitellappens und vermutlich des Stammhirns darstellen. Nun
ist zu vermuten, dass dies durch das von Klamm geschenkte
Häubchen verhindert wurde. Kafka gibt uns dies auch zu verstehen, wenn er K. zur Wirtin sagen lässt:

Und Sie selbst sind doch gewiss nicht glücklich und, wie Sie
sagten, ohne die drei Andenken wollten Sie gar nicht
weiterleben und herzkrank sind Sie auch. Also hatte die
Verwandtschaft mit ihren Hoffnungen Unrecht? Ich glaube
nicht. Der Segen war über Ihnen, aber man verstand nicht,
ihn herunterzuholen.

(Franz Kafka/Das Schloss/Reclam 9678/S. 92)

Die Wirtin trug also ein von Klamm geschenktes, entstellendes
Häubchen und der Segen blieb aus. Ihr reiches, rund um das
Häubchen angeordnetes Haar erinnert an das verführerische
Haar Liliths, wie auch an dasjenige von Samson. Doch war bei
Lilith Klamm noch nicht im Spiel.

Im «Faust» findet sich die Antwort auf das Rätsel des Häubchens und des verhinderten Segens.

Knabe Lenker

Die grössten Gaben meiner Hand,
Seht! hab' ich rings umher gesandt.
Auf dem und jenem Kopfe glüht
Ein Flämmchen, das ich angesprüht;
Von einem zu dem andern hüpft's,
An diesem hält sich's, dem entschlüpft's,
Gar selten aber flammt's empor,
Und leuchtet rasch in kurzem Flor;
Doch vielen, eh' man's noch erkannt,
Verlischt es, traurig ausgebrannt.

(Goethe/Faust II/Zeile 5630 u. f.)

Kafka beschreibt mit der Wirkung des von Klamm geschenkten
Häubchens diesen ausgebrannten Zustand! Darum sah die Wirtin verfallen aus.

Kafka selbst riss bestimmt Tore weit auf und löste bei sich den
Kindlingeffekt aus. Er ging auch mutig über Brücken. Wo aber
befinden sich diese Brücken oder Tore, körperlich gesehen?
Nacken und Kehle bieten sich als Antwort an, durch die da statt-
findende Trennung von Kopf und Körper. Schauen wir wieder
mal beim alten Rammler Henry Miller vorbei. Er gibt uns in der
Erzählung «Ein Samstagnachmittag» zu verstehen, wo dieser
Ort ist:

Die Anfahrt zur Brücke ist mit Kieseln gepflastert. Ich fahre
so langsam, dass jeder Kiesel für sich eine besondere
Botschaft zu meiner Wirbelsäule entsendet und durch die
Wirbel hindurch zu dem zerbrechlichen Käfig, in dem die
Medulla Oblongata ihre Signale aufblitzen lässt.

(Henry Miller/Sämtliche Erzählungen/Ein Samstagnachmittag
Rowohlt/ S. 40)

Die Medulla Oblongata befindet sich am oberen Ende der
Wirbelsäule. In Deutsch wird sie Brücke genannt! Allerdings
werde ich nicht herauszufinden versuchen, ob Brücken nicht

schon vor der Kenntnis der Medulla Oblongata als Symbole für die Überwindung einer Nackenstarre genutzt wurden. Aber Miller erwähnt in diesem Zitat bedacht eine Brücke.

Er lernte fraglos auch durch sein ausschweifendes Leben. Vielleicht ist er darum einer der wenigen Schriftsteller, die den Prozess am eigenen Leib erfuhren und ihr Leben trotzdem zufrieden zu Ende lebten. Henry Miller kann uns also als lebender Beweis gelten, dass diese transformierenden Erlebnisse nicht einzig als Eintrittsgeld, aufbewahrt im gegerbten Hodensack, zu einer vorteilhaften Fahrt in irgendein Jenseits – oder als Zollgeld zu einer vorteilhaften Wiedergeburt aufzusparen sind.

Bald nach Ende des zweiten Gesprächs mit der Wirtin wurde K. aus dem Wirtshaus geworfen. Er hatte widerstrebend die schon besprochene, ihm angebotene Arbeit als Schuldiener zu akzeptieren.

Sagte ich, dass Kafkas Werk wertvoll ist, was die Beschreibungen von Hindernissen betrifft, zeigt das Folgende seine mich verblüffende Kenntnis des Prozesses. K. traf, nachdem sich Frieda von ihm getrennt hatte, einen der beiden Gehilfen wieder, der jetzt mit ihr zusammenlebte. Dieser Gehilfe war über Nacht bis zur Unkenntlichkeit gealtert. Nachdem ihn K. gefragt hatte, wer er sei, antwortete er:

«Du erkennst mich nicht?», fragte der Mann. «Jeremias, dein alter Gehilfe.»

(Franz Kafka/Das Schloss/Reclam 9678/S. 249)

Kafka beschreibt ihn so:

Er schien älter, müder, faltiger, aber voller im Gesicht, auch sein Gang war ganz anders als der flinke, in den Gelenken wie elektrisierte Gang der Gehilfen, er war langsam, ein wenig hinkend, vornehm kränklich ...

(Franz Kafka/Das Schloss/Reclam 9678/S. 250)

Was verursachte diese überraschende Wandlung über Nacht?
Was machte, dass er seinen elektrisierten Gang verloren hatte?
Der Gehilfe begründete dies so:

*«Es ist, weil ich allein bin», sagte Jeremias. «Bin ich allein,
dann ist auch die fröhliche Jugend dahin.»*

(Franz Kafka/Das Schloss/Reclam 9678/S. 250)

Obwohl der Gehilfe sagte, dass er allein sei, war er es ja nicht
wirklich, hatte er doch K. Frieda ausgespannt und lebte jetzt mit
ihr. Dies verhinderte jedoch sein Altern nicht. Der Grund dieser
verblüffenden Verwandlung war, dass er vom zweiten Gehilfen
verlassen wurde. Entsprechen die beiden Gehilfen tatsächlich
den beiden Schlangen des Thyrsos, würde dies heissen, dass nur
noch ein Meridian fliesst. Ist dies aber der Fall, drohen Depressionen und andere Übel schon im Vorfeld. Geschieht dies heftig
und für längerer Zeit, kann es sogar tödlich enden. Mehr darüber
ist in der Biografie von Gopi Krishna zu lesen, dem dies widerfuhr und das ihn beinahe umbrachte.

Nebenbei bemerkt, spreche ich hier nicht für die vielen wie
Pilze aus dem Boden geschossenen Gurus gut. Als Gopi
Krishna in Indien an dieser Schlangenkraft erkrankte, versuchten Verwandte und Bekannte vielerorts Rat zu finden. Man
befragte Gelehrte und Gurus, von denen jedoch keiner die Antwort wusste, sondern alle nur Vermutungen anstellten, von
denen dann eine die richtige war. Viel mehr über Yoga wussten
allerdings bald viele, nachdem der reiche Westen sich vermehrt
dafür zu interessieren und zu zahlen begann. Aber Kafka ver-
blüfft! Er hätte die rettende Antwort gewusst, und zwar schon
vor der Zeit, in der Gopi Krishna erkrankte!

Frieda entschied sich letzlich für den gealterten Gehilfen, der
K. ja vom Schloss zugeteilt war. Sie fügte sich also in die
entfremdete, kranke Situation in Schloss und Dorf und hätte

einen sich den örtlichen Zwängen unterwerfenden und kränkelnden K. in Kauf genommen, ihn gepflegt, gesalbt und verbunden, wie Mizzi den Dorfvorsteher.

Um zu verstehen, warum Kafka seine Verlobungen mehrmals auflöste, welche Probleme er mit Frauen und sich hatte, sollte man auch dieses nicht recht lebendige Fleisch des einen Gehilfen mitberücksichtigen. Kafka wollte lebendiges Fleisch mit in die Ehe bringen! Er wird zudem bei seinen Verlobten wahrgenommen haben, dass auch sie unter Klamm litten. Davon schreibt er in «Ein Bericht für eine Akademie»:

Komme ich spät nachts von Banketten, aus wissenschaftlichen Gesellschaften, aus gemütlichem Beisammensein nach Hause, erwartet mich eine kleine halbdressierte Schimpansin und ich lasse es mir nach Affenart bei ihr wohlgehen. Bei Tag will ich sie nicht sehen; sie hat nämlich den Irrsinn des verwirrten dressierten Tieres im Blick; das erkenne nur ich, und ich kann es nicht ertragen.

(Franz Kafka/Ein Bericht für eine Akademie
Fischer Klassik 90371/S. 303)

18

Hamlets missglückter Kindlingeffekt. «Die alchimische Hochzeit» von Christian Rosenkreuz. Der im Unterbewusstsein buddelnde Geist von Hamlets Vater.

Sein oder Nichtsein; das ist hier die Frage.

(Shakespeare/Hamlet/Reclam 31/S. 74)

Dies ist einer der bekanntesten Sätze unseres Kulturkreises. Hamlet stirbt am Ende des Theaterstücks – der Tod eines Versagers, zwar eines sympathischen, aber hätte er seine Skrupel überwunden und seinen Onkel beseitigt, den Mörder seines Vaters, wäre er König geworden. Hätte er aber damit sein «Sein» gerettet? Taktisch verschlagen, einen Verrückten spielend, was mich an Parseval im Flickenkleid erinnert, versuchte Hamlet vergeblich die ihm zustehende Krone zu gewinnen. Nun denke ich, dass es auch bei dieser Krone um den Kindlingeffekt geht.

Die Erzählung «Die alchimische Hochzeit» von Christian Rosenkreuz wurde zu Lebzeiten Shakespeares geschrieben und herausgegeben. Sie fand damals weite Verbreitung und wurde rege diskutiert. Rosen sind darin nur zweimal erwähnt. Das erste Mal musste sich Christian Rosenkreuz, um sich kenntlich zu machen, vier Rosen an den Hut stecken. Bei der zweiten Erwähnung verehrte er die Rosen einer himmlisch anmutenden Jungfrau in einem traumhaft überirdischen Palast. Sie wird der in Märchen dem erfolgreichen Prinzen versprochenen Prinzessin entsprechen, aber ohne dass sie sich alsbald unchristlich unter einer Bettdecke finden.

Die vier Rosen sollte man sich jedoch nicht als an den Hut gesteckten, gebundenen Blumenstrauss vorstellen, sondern in Form eines Kreuzes, was der Name Rosenkreuzer nahelegt. Die Erlösung im Christentum, dem sich die Rosenkreuzer zuzählen, ist ja durch das Kreuz symbolisiert. Und eine kreuzförmige Anordnung der Rosen auf der Hutkrempe würde auf die Erlösung oder den Kindlingeffekt hinweisen!

Nun nennt Shakespeare, dem die Schrift «Die alchimische Hochzeit» bestimmt bekannt war, im «Hamlet» zwei seiner Figuren Rosenkranz und Güldenstern. Von sich widersprechenden oder unmöglichen Aussagen, war schon öfters die Rede. So zu verstehen ist auch, was Hamlet zu seinen ehemaligen Studienfreunden Rosenkranz und Güldenstern sagte:

HAMLET

Hört, Güldenstern – und Ihr auch (zu Rosenkranz) –, an jedem Ohr ein Hörer: Der grosse Säugling, den Ihr da seht, ist noch nicht aus den Kinderwindeln.

(Shakespeare/Hamlet/Reclam/Universal Bibliothek/31/S. 62)

Nun spricht selbstverständlich keiner mit den Ohren! Man wird jedoch auf diese Orte aufmerksam und hinhören, wenn die Libido den Kindlingeffekt zündet, sind doch dann oft Geräusche wie Summen, Glockenläuten, Musik oder anderes zu hören, wie wir von Kafka erfahren. Und haben wir einen Rosenkranz an dem einen Ohr und am anderen einen Güldenstern – einen goldenen Stern also –, erinnert das an die Sternenlichter, die beim Kindlingeffekt aufleuchten, sowie an den Stein der Weisen. Wahrscheinlich will uns Shakespeare in diesem Zitat zugleich zeigen, dass die Rigidität und Hörigkeit des Oberkämmerers Polonius schon in der Zeit ihren Anfang nahm, als er noch in Windeln steckte. So soll er auch Umstände mit seiner Mutter Brust gemacht haben, ehe er daran sog. (Siehe Kapitel 8)

Dafür, dass es sich tatsächlich um den Kindlingeffekt handelt, um die an den Hut gesteckten Rosen der Rosenkreuzer, gibt uns Shakespeare ein weiteres Indiz in der Auseinandersetzung zwischen Hamlet und seiner Mutter, der Königin:

KÖNIGIN

Was tat ich, dass du gegen mich die Zunge
So toben lassen darfst?

HAMLET

Solch eine Tat,
Die alle Huld der Sittsamkeit entstellt,
Die Tugend Heuchler schilt, die Rose wegnimmt
Von unschuldvoller Liebe schöner Stirn
Und Beulen hinsetzt ...

(Shakespeare/Hamlet/Reclam 31/Übers. Schlegel/S. 102)

Was mich auch davon abbrachte, im Hamlet nur vordergründige Begebenheiten zu sehen, war, dass Hamlets Vater gemordet wurde, indem ihm ein Sud von Bilsenkraut ins Ohr gegossen wurde. Zwar kann Bilsenkraut schon in geringen Mengen tödlich sein, aber ob ein Sud ins Ohr geträufelt tötet, scheint mir fraglich. Es könnten dadurch zu geringe Mengen aufgenommen werden. Dann könnte es das Opfer wecken und es wäre, bis der Sud wirkt, noch einige Zeit dazu imstande, sich zu wehren. Aber die Ohren sind den Amygdala nah. Und denken wir an die beiden Hörer am Ohr, erklärt sich die eine Episode durch die andere.

Werden dem Bilsenkraut noch Stechapfelkerne und Tollkirschen zugegeben und gut gekocht, haben wir die halluzinogenen Ingredienzien des Hexensuds oder der Hexensalbe. Davon lässt Goethe im «Faust I» Hexen lustig singen:

Die Salbe gibt den Hexen Mut,
Ein Lumpen ist zum Segel gut
Ein gutes Schiff ist jeder Trog
Der flieget nie, der heut nicht flog.

(Goethe/Faust I/Zeile 4008 u. f.)

Und weiter wird Claudius, der Usurpator, von Hamlet mit einer brand'gen Ähre verglichen. Er warf seiner Mutter vor:

Hier ist Eu'r Gatte, gleich der brand'gen Ähre
Verderblich seinem Bruder. Habt ihr Augen?

(Hamlet/Reclam 31/S. 103)

Die brand'ge Ähre ist ein vom Mutterkorn befallenes Getreide, vor allem Roggen. Im Jahr 1943 extrahierte der Chemiker Albert Hofmann aus dem Mutterkorn das Alkaloid LSD, die wohl stärkste Bewusstseinsdroge überhaupt.

(Mehr unter: Ulrich Schnabel – Die Kernkraft der
Seele/http://www.zeit.de=2006/03/LSD)

Nun hat ein abhängiges, hilfsbedürftiges Kind, wie schon gesagt, vor bedrohlichen, beängstigenden Charakterzügen seiner Eltern zum Selbstschutz die Augen zu schliessen. Andernfalls würde es sich ungeschützt fühlen. So wird sich auch Hamlet als Kind von Vater und Mutter ein idealisiertes Bild gemacht haben. Dann, als Erwachsener, sehr wahrscheinlich mithilfe von Drogen, die auch Geister sehen lassen, liess er, und vielleicht auch Shakespeare selbst, seine verdrängten Ängste zu und fand zur realistischen Wahrnehmung seines Vaters. Sein vordem idealisiertes Bild wurde zum Gespenst – unwirklich wie es schon immer war. Und das Beängstigende am Vater wurde Hamlet zum Usurpator, zum Bruder des Vaters, der kaum mehr viel eines wahren Königs an sich hatte. Dies würde dann auch erklären, dass Hamlet in der fünften Szene dem im Keller buddelnden Geist seines Vaters, dem er vordem doch allen Respekt gezollt hatte, scheinbar unverschämt zurief:

HAMLET
Brav, alter Maulwurf! Wühlst so hurtig fort?
O trefflicher Minierer! – Nochmals weiter, Freunde!

HORATIO
Beim Sonnenlicht, dies ist erstaunlich fremd.

HAMLET
So heiss als einen Fremden es willkommen.
Es gibt mehr Ding' im Himmel und auf Erden,
Als Eure Schulweisheit sich träumt, Horatio.

(Shakespeare/Hamlet/Reclam 31/S. 40–41)

Empfahl Hamlet des Vaters Geist, den Fremden, willkommen zu heissen, wird Shakespeare damit sagen, dass der Ängste weckende, im Keller buddelnde Geist – fraglos im Unterbewusstsein – willkommen geheissen werden soll. Und wühlte des Königs Geist tatsächlich im Unterbewusstsein, können Hamlets Worte auch als ehrlich gemeintes Lob für dessen Buddeln verstanden werden. Den Vater in seiner wahren Gestalt zu sehen, beängstigend und fremd, ihn mit den ehemals verdrängten Kinderängsten zu fürchten, bringt Erkenntnisse, wofür die Hilfe des buddelnden Geistes mit Recht gelobt werden konnte.

Wie wir von Reich, Kafka und Rilke wissen, soll eine Therapie oder der Prozess damit begonnen werden, dass man sich zuerst die Masken vom Gesicht reisst. Daher liest sich dann auch eine gute Seite weiter, nachdem vom Bilsensaft die Rede war, was seinen Onkel betreffend Hamlet zu sich sagte:

O Schurke, lächelnder, verdammter Schurke!
Schreibtafel her! Ich muss mir's niederschreiben,
Dass einer lächeln kann, und immer lächeln,

Und doch ein Schurke sein; zum wenigsten
Weiss ich gewiss, in Dänmark kann's so sein.

(Hamlet/Reclam 31/S. 38)

Nietzsche meint in «Die Geburt der Tragödie», dass im «Hamlet» eine tiefere Weisheit ausgesagt ist, als der Dichter selbst in Worte fassen konnte. Und er fügte bei, dass Hamlet oberflächlicher redete, als er handelte. Nietzsche wird damit sagen, dass im Hamlet eine zweite, untergründige Geschichte miterzählt ist – der Prozess.

19

Shakespeares und Nietzsches Rosenkranzkrone. Vom Heizer bis zur kafkaesken Krone.

HAMLET
Meine trefflichen guten Freunde! Was machst du,
Güldenstern? Ah, Rosenkranz! Gute Burschen, wie geht's
euch?

ROSENKRANZ
Wie mittelmässigen Söhnen dieser Erde

GÜLDENSTERN
Glücklich, weil wir nicht überglücklich sind.
Wir sind der Knopf nicht auf Fortunas Mütze.

HAMLET
Noch die Sohlen ihrer Schuhe?

ROSENKRANZ
Auch das nicht, gnädger Herr.

(Shakespeare/Hamlet/Reclam 31/Übers. Schlegel/S. 56)

Sprach Güldenstern von einem Knopf auf Fortunas Mütze, lokalisierte er seinen eigenen angestammten, leider eingebüssten Platz. Offenbar verunmöglichte ein Hindernis, den Segen herunterzuholen, wie die Wirtin durch das von Klamm geschenkte Häubchen daran gehindert war. Und Rosenkranz' Name erinnert, da nur mittelmässiger Sohn dieser Erde, an verwelkte Rosen, sofern sie nicht gar zu Beulen wurden, wie die auf Hamlets Mutter Stirn. Und von Zehen, Füssen oder Sohlen war schon öfters die Rede. Dazu sind Hermes' beflügelte

Sohlen zu erinnern, die uns zeigen, wo die Energie zu fliessen beginnt – was doch sehr beflügelt.

Nietzsche bringt das mit der Krone und den Rosen in «Die Geburt der Tragödie» auf einen Nenner, da, wo er von Shakespeare schreibt:

Diese Krone des Lachenden, diese Rosenkranzkrone: ich selber setzte mir diese Krone auf, ich selber sprach heilig mein Gelächter.

(Friedrich Nietzsche/Geburt der Tragödie
Insel Taschenbuch 2679/S. 22)

Der Rosenkranz ist ihm also die Krone, was das Wort «Rosenkranzkrone» meint. Und lacht er als Besitzer dieser Krone ein heiliges Lachen, erinnert dies an den Nimbus von Heiligen.

Nietzsches siebter Himmel, nach dem er suchend die Angel über sein Haupt warf, erklärt sich also mit dem Kindlingeffekt! Dies zu erreichen stellte er die aufgerichtete Schlange vor sich hin, die eine Flamme, aber auch seine Seele ist und, wie schon gesagt, auf die Kundalini schliessen lässt! Und nach Gerhard Eggetsberger und anderen Forschern soll es diese Schlange sein, die den Kindlingeffekt auslöst.

Leider war Nietzsches Rosenkranzkrone aus Hundsrosen geflochten; aus den wild wachsenden, mit den langen, scharfen Dornen! Dies erklärt seine häufigen Kopfschmerzen. Vielleicht hätte er mit Vorteil, leuchtend und lachend, wie er sich auch darstellt, seine Zeit öfters in fröhlicher Gesellschaft verbracht und seinen Willen zur Macht etwas ruhen lassen. Allenfalls wäre er darauf nicht erbärmlich umnachtet erloschen. Ich bin auch nicht der Meinung, dass sich die einen nehmen dürfen, was andere geschaffen haben; es aber Neid oder Ressentiment sein soll, wenn sich die arbeitende Bevölkerung zusammentut und sich zurückholt, was sie gefertigt haben.

Auch Rilke wusste vom Kindlingeffekt. Über vier Seiten hinweg schreibt er in den «Aufzeichnungen des Malte Laurids Brigge» von Hinterkopf, Stirnhaut und den Schläfen. Damit verweist auch er auf die kreuzförmig angeordneten Orte, die den vier in Kreuzform an den Hut gesteckten Rosen entsprechen. Und Rilke schliesst diese Seiten mit der Klage:

... Nur ein Schritt, und mein tiefes Elend würde Seligkeit sein. Aber ich kann diesen Schritt nicht tun ...

(Rainer Maria Rilke/Die Aufzeichnungen des Malte Laurids Brigge dtv 2619/S. 51)

Da wir den Tanz als erprobtes Mittel, sich die Krone zu erringen, auf den letzten Seiten vernachlässigten, will ich aus der Bibel zitieren, was Saul widerfuhr, dem ersten israelischen König. Da wird von einem Tanz berichtet, der glücklicherweise vom längst verstorbenen Moses nicht mehr verhindert werden konnte:

Vor der Stadt wirst du einer Schar von Propheten begegnen, die von der Opferstätte auf der Anhöhe herabkommen. Sie werden auf Harfen, Pauken, Flöten und Lauten spielen und in ekstatischer Begeisterung tanzen und singen. Dann wird der Geist des Herrn auf dich kommen, und ihre Begeisterung wird auch dich erfassen. Von da an wirst du wie umgewandelt sein. ... Der Geist Gottes nahm Besitz von Saul, und die ekstatische Begeisterung der Propheten erfasste auch ihn.

(Bibel/Gute Nachricht/I Samuel 10/S. 209)

Auch in Kafkas Roman «Amerika» («Der Verschollene») lässt sich der Kindlingeffekt ausmachen. Das zu zeigen werde ich etwas ausholen.

Nun meint des Protagonisten Nachname Rossmann etwas Bestimmtes. Kafka benutzt oft Bilder von Pferden oder Pferdegespannen, wie z. B. in der Erzählung «Ein Landarzt», wenn es um ungezähmte Sexualität, aber auch um eine erlahmte Libido geht. In der Erzählung «Ein junger ehrgeiziger Student» zeigt er uns seine symbolische Verwendung von Pferden und lässt uns da auch erfahren, dass er seinen Prozess willentlich vorantrieb. Eine unübliche, aber effektive Meditationspraxis, mit der Absicht, sein Blut in Wallung zu bringen. Dabei wird er kaum gleichmässig und kontrolliert geatmet haben, wie dies in den meisten Meditationsschulen getan wird:

Er fürchtete nicht wie andere Sachverständige die Wildheit des Pferdes, er forderte sie vielmehr, ja er wollte sie erzeugen ...

(Franz Kafka/Ein junger ehrgeiziger Student
Fischer Klassik 90371/S. 198)

Kafkas Bestreben war also nicht, sich ruhigzustellen durch abspalten seines Körpers und seiner Libido, um den Alltag gelassener und erfolgreicher zu bewältigen. Was er nicht tat, tun nach seinen Worten jedoch andere «Sachverständige». Er selbst fürchtet die Wildheit des Pferdes oder seiner Libido nicht. Indes mühen sich andere, ihre Pferde unter Kontrolle zu bringen. Anders gesagt – Kafka wird sich sexuell aufgeheizt haben, was auch im Tantra-Yoga praktiziert wird, einem Kundalini-Yoga! Und demzufolge beginnt «Amerika» mit dem Kapitel «Der Heizer».

Karl Rossmann wurde von seinen Eltern verstossen, ist einfach beiseitegeschafft worden, nach Amerika verfrachtet. Eine Magd hatte ihn verführt und war von ihm schwanger geworden. Nach der Überfahrt mit einem Passagierschiff in New York angekommen, schon auf Deck bereit auszusteigen, merkte Karl, dass er seinen Schirm im Unterdeck vergessen hatte. (Ein Stock?) Als er den Weg zurückging, um ihn zu holen, verirrte er sich und klopfte an eine Kabinentür. Ein riesiger Mann öffnete ihm und zog ihn zu sich in die Kabine. Es war der Heizer, um den es auf dem Schiff offenbar schlecht stand. Er war auf engem Raum untergebracht, nicht wirklich gebraucht, geschätzt nur grade wie etwas, das man einlagert. Kafka schreibt:

Durch irgendeine Oberlichtluke fiel ein trübes, oben im Schiff längst abgebrauchtes Licht in die klägliche Kabine, in welcher ein Bett, ein Schrank, ein Sessel und der Mann knapp nebeneinander, wie eingelagert, standen.

(Franz Kafka/Amerika/Suhrkamp 3893/S. 8)

Der Heizer war wegen der auf dem Schiff herrschenden Arbeitsverhältnisse aufgebracht. Er fühlte sich als Deutscher auf einem deutschen Schiff betrogen und empörte sich, einem Nichtdeutschen, dem Rumänen Schubal, unterstellt zu sein. Zu diesem bemerkt Kafka, dass er nicht eigentlich geeignet zur Arbeit an Maschinen sei, ein Mann von mittleren Proportionen.

Wie bei anderen Namen, die Kafka seinen Figuren gibt, suchte ich auch in dem Namen Schubal nach einem Sinn. Ich entdeckte darin einen Vorgesetzten, der des Heizers Naturkraft blockierte, den Tanz, die natürliche Kraft, die nach vorne biegt und zurückreisst,. Diese ersetzte Schubal durch eine willentlich ausgeführte Bewegung: Der etwas glibbrige Al wird also gewollt geschoben. Und so hatte der betrogene Heizer, statt die ihm zustehenden Arbeit zu tun, also tüchtig einzuheizen, zu seiner Beschämung unter Schubals Befehl Toiletten zu reinigen. Ein elender Zustand für den riesigen Mann – ein eingelagerter, in der analen Phase steckengebliebener Sexualtrieb, dem ein Schubal vorangestellt war! Daher empörte sich der Heizer:

Er heisst Schubal. Das ist doch nicht zu glauben.

(Franz Kafka/Amerika/Suhrkamp/73893/S. 11)

Setzt Kafka den zweiten Satz gleich hinter den Namen Schubal, meint er diesen Namen – dass der Name Unglaubliches bedeutet. Zu dem fügt sich auch, dass Karl Rossmann eine Art Trost aus dem Gedanken schöpfte:

... dass der Heizer im Notfall mit der Kraft seiner Verzweiflung alle anwesenden sieben Männer hätte bezwingen können.

(Franz Kafka/Amerika/Suhrkamp 73893/S. 23)

Die Sieben zeigt uns, dass der Heizer die Libido darstellt, die mit der ihr innewohnenden Kraft alle Sieben überwältigen könnte. Diese Kraft ist es aber auch, die die natürlichen Reflexe weckt und von Schubal befreit. – Kaum zu glauben!

Die Bedeutung von Karl Rossmanns Nachname versteht sich durch den ehrgeizigen Studenten, der sich nicht vor der Wildheit seines Pferdes fürchtete, sondern diese vielmehr herausforderte. Auch Karl Rossmann sollte der Libido, oder dem Heizer, als Pubertierender zur Reife verhelfen. Und war dem Heizer Schubal vorangestellt, so war es Achilles Agamemnon, auch ein Achilles Unterlegener, der ihm die geraubte Frau Briséis nahm und ihn grollend zurückliess. Wie Achilles schlussendlich seine unsterblichen wilden Rosse zum Kampfe führte, hätte der Heizer mithilfe Rossmanns zu seiner vollen Kraft finden und alle Hindernisse beseitigen sollen.

In «Amerika» wurde Achilles zum Heizer! Daher hätte Rossmann ihm ja auch gern seine verlorene Veroneser Salamiwurst verehrt. (Franz Kafka/Amerika/Suhrkamp 73893/S. 13)

Die beiden verliessen bald die beengende Kabine, um sich beim Kapitän über die beklemmenden Umstände auf dem Schiff zu beschweren. Erst kamen sie durch eine Abteilung der Küche:

... wo einige Mädchen in schmutzigen Schürzen – sie begossen sie absichtlich – Geschirr in grossen Bottichen reinigten.

(Franz Kafka/Amerika/Suhrkamp 73893/S. 14)

Was für Mädchen sind das wohl, die so was absichtlich tun –
und warum? Das Mädchen Line erwartete Geld vom Heizer, ob
für geleistete oder noch zu leistende Dienste. Sie wird nebenbei
noch angeschafft haben und war dabei mit Vorteil feucht. Der
Heizer hatte wohl unter den verdorbenen Verhältnissen für die
Befriedigung seiner Bedürfnisse zu zahlen:

*Der Heizer rief eine gewisse Line zu sich, legte den Arm um
ihre Hüfte und führte sie, die sich immerzu kokett gegen
seinen Arm drückte, ein Stückchen mit. «Es gibt jetzt Aus-
zahlung, willst du mitkommen?», fragte er. «Warum soll ich
mich bemühn, bring mir das Geld lieber her», antwortete
sie, schlüpfte unter seinem Arm durch und lief davon. «Wo
hast du denn den schönen Knaben aufgegabelt?», rief sie
noch, wollte aber keine Antwort mehr. Man hörte das
Lachen aller Mädchen, die ihre Arbeit unterbrochen hatten.*

(Franz Kafka/Amerika/Suhrkamp 73893/S. 14–15)

Für Schamhafte wohl etwas zu sexistisch interpretiert! Aber es
geht doch um mehr als nur darum kurz mal eine Nummer zu
schieben, wie Schubal es tun wird. Es geht um die Freiheit, die
Freiheit unserer Gefühle!

Weiter führte Rossmanns und des Heizers Weg durch Gänge,
die voller Leute waren, viele unterwegs zur grossen Schiffs-
reinigung. Dafür sollen paradoxerweise die Türen ausgehoben
worden sein. Eine Reinigung würde dies jedoch nur erschweren, müssten die Türen, irgendwo abgestellt, hin- und
hergetragen werden. Eingehängt kann man sie hingegen mühe-
los zur Seite drehen. Für Reinigungen werden Türen nicht aus-
gehängt. Es wird also ein Bild dafür sein, dass den Energien die
Wege geöffnet wurden. Türen in diesem Sinne finden sich bei
Kafka öfters, wie z. B. in der Erzählung «Vor dem Gesetz».

Da sass einer vom Lande jahrelang ausgeschlossen vor der Türe des Gesetzes, durch die er nicht eingelassen wurde. Alt geworden, am Sterben, sah er erst jetzt aus der Türe einen unverlöschlichen Glanz scheinen. Und wenn Kafka schreibt, dass der Mann am Erblinden war, zeigt er uns damit, dass es sich dabei um ein inneres Licht handelte. Diese Geschichte erzählt von einem Nahtoderlebnis! Von Sterbenden sollen ja auch mal Lichter wahrgenommen werden, was wohl deshalb geschieht, weil sie ihre chronischen Verspannungen, ihren steifen Charakter, freiwillig loslassen oder wegen ihrer Schwäche nicht mehr aufrechterhalten können. So wird die Bioenergie freier fliessen als vordem, wenn auch bei Krankheit und Alter schon abgeschwächt. Hätte der Sterbende die Türe während seiner Lebenszeit zu öffnen vermocht, hätte er das Licht wohl stärker erlebt.

Wofür die Türen auf dem Ozeandampfer ausgehoben wurden, zeigt uns Kafka damit, dass die Gänge «voller elektrischer Drähte» waren. Offensichtlich war Elektrizität mit im Spiel:

Die Gänge, denen sie folgten, waren voller elektrischer Drähte und man hörte eine kleine Glocke immerfort läuten.

(Franz Kafka/Amerika/Suhrkamp 73893/S. 15)

Wenn immer ich bei Kafka von Glockentönen oder von Musik lese, merke ich auf. «Der Heizer» ist das erste Kapitel von «Amerika». Es wird also mit grosser Wahrscheinlichkeit ein neuer Lebensabschnitt eingeläutet, eine Initiation Karls durch den aufgebrachten Heizer. Dass bei Kafka Glockentöne Bedeutendes ankündigen, lässt sich in den Schlussworten der Erzählung «Ein Landarzt» lesen:

Betrogen! Betrogen! Einmal dem Fehlläuten der Nachtglocke gefolgt – es ist niemals gutzumachen.

(Franz Kafka/Die Erzählungen/Ein Landarzt/Fischer 90371/S. 237)

Kafka sagt uns damit, dass der Prozess, einmal initiiert, nicht mehr zu stoppen ist. Er spricht auch hier von seinem Niedergang.

Am Ende ihres Weges betraten Karl Rossmann und der Heizer einen Raum, in dem sich der Kapitän und mehrere Herren befanden. Insgesamt waren es sieben, bestimmt kein Zufall! Und da lag:

... auf dem Schreibtisch, wie ein Blick dorthin lehrte, ein Aufsatz mit viel zu vielen Druckknöpfen der elektrischen Leitung; und eine Hand, einfach auf sie niedergedrückt, konnte das ganze Schiff mit allen seinen von feindlichen Menschen gefüllten Gängen rebellisch machen.

(Franz Kafka/Amerika/Suhrkamp 3893/S. 23)

Höchst ungewöhnlich, dass sich auf einem Ozeandampfer ein Aufsatz mit viel zu vielen Druckknöpfen der elektrischen Leitung befinden soll. Zuerst dachte ich, dass es nur darum ging, damit Hilfe herbeizurufen, falls der Heizer, ausser Rand und Band, was er nahezu war, auf die sieben Herren losgegangen wäre. Von einem Aufsatz mit vielen Druckknöpfen hätten aber viele Leitungen weggeführt. Zwar war Kafka nicht Elektrotechniker, aber er wird dies bestimmt gewusst haben. Schreibt er also «elektrischen Leitung», und nicht «Leitungen», exakt wie er ist, was ihm sprachlich zugestanden wird, ihm aber auch den Prozess betreffend zugestanden werden sollte, wollte er damit sicher auf etwas Bestimmtes aufmerksam machen – dass zur Zeit elektrisch geleitet wurde!

Wen hätten also die in den Gängen feindlichen Menschen bedroht – gegen wen wären sie vorgegangen? Kafka sagt nichts dazu. Aber was diese feindlichen Menschen rebellisch gemacht hätte, darauf haben wir eine Antwort – der Druck einer Hand auf die vielen Knöpfe könnte das ganze Schiff rebellisch machen! (Diese Knöpfe erinnern mich an diejenigen, die in der

Erzählung von E. T. A. Hoffmann «Klein Zaches genannt Zinnober» diesem den Tod brachten.) Gibt uns Kafka da nicht ein Bild für bioelektrisches Geschehen und dessen Folgen? Ist der Heizer die mit äusserster Anstrengung kontrollierte Libido, würde durch ihren Ausbruch die vordem stillgelegte Leitung elektrisiert. Eine Rebellion im ganzen Körper wäre die Folge. Die Libido bedrängte Nervenbahnen, Ganglien, Organe und Gewebeverhärtungen – sie wäre allem feind und verursachte Schmerzen, wo immer sie auf Widerstand stiesse. Aber der Heizer beherrschte sich gewaltsam und ballte die Fäuste an den gestrafften Armen:

... als sei die Ballung das Wichtigste an ihm, dem er alles, was er an Leben habe, zu opfern bereit sei. Da steckte jetzt alle seine Kraft, auch die, welche ihn überhaupt aufrechterhielt.

(Franz Kafka/Amerika/Suhrkamp 3893/S. 24)

Er bezwang sich also, indem er seine Arme straffte und seine Hände zu Fäusten ballte, zu gehemmt, um wütend auf die Sieben loszugehen; oder zumindest auf den Boden zu stampfen und mit Händen und Armen in die Luft zu dreschen, wie Kinder dies schreiend tun, deren Willen man zu brechen versucht.

Kafka zeigt uns also psychosomatische Zustände und Prozesse anhand von Ereignissen auf dem Dampfer. Auch er denkt sich äussere Bilder für inneres Geschehen aus. So setzt er den Heizer erst in eine beengende Kabine, um die eingeengte Libido darzustellen.

Händen und Armen ist in einer Therapie grosse Aufmerksamkeit zu schenken, da sich in ihnen enorm viel stauen kann. So soll der Heizer doch bereit sein, der Ballung seiner Fäuste alles zu opfern, was er an Leben hat. Kafka erwähnt im Kapitel «Der Heizer» Hände öfters!

Wie der Heizer Karl erzählte, hatte er vordem mehrere Jahre auf einem Handelssegler gearbeitet, wo er sich bewährte und für seine Arbeit auch gelobt wurde. Und dies obwohl die Arbeiten auf einem Handelssegler strenger waren als auf diesem:

... Kasten, wo alles nach der Schnur eingerichtet ist ...

(Franz Kafka/Amerika/Suhrkamp 3893/S. 11)

und wo ob der herrschenden Entfremdung der Heizer nicht mehr geduldet ist.

Zwischendurch sah Karl aus den Fenstern dem Treiben im Hafen zu und sah:

... ein flaches Lastschiff mit einem Berg von Fässern, die wunderbar verstaut sein mussten, dass sie nicht ins Rollen kamen, zog vorüber und erzeugte in dem Zimmer fast Dunkelheit; kleine Motorboote, die Karl jetzt, wenn er Zeit gehabt hätte, genau hätte ansehen können, rauschten nach den Zuckungen der Hände eines am Steuer aufrecht stehenden Mannes schnurgerade dahin! ... Eigentümliche Schwimmkörper tauchten hie und da selbständig aus dem ruhelosen Wasser, wurden gleich wieder überschwemmt und versanken vor dem erstaunten Blick ...

(Franz Kafka/Amerika/Suhrkamp 3893/S. 20–21)

Bewundernswertes Können, Fässer so zu stapeln! Verdunkelte sich jedoch deshalb das Zimmer? So sah Karl auch zuckende Hände, die Motorboote schnurgerade über Wasser steuerten – einmal mehr nach der Schnur ausgerichtetes Leben, wie auf diesem Kasten, wo der Heizer nur noch dazu gebraucht wurde, Klosette zu reinigen. Dann tauchten vor Karls erstauntem Blick eigentümliche Schwimmkörper aus dem ruhelosen Wasser auf. Ein traumartiges Szenario des Unterbewussten. Dazu bemerkt Kafka:

Eine Bewegung ohne Ende, eine Unruhe, übertragen von dem unruhigen Element auf die hilflosen Menschen und ihre Werke!

(Franz Kafka/Amerika/Suhrkamp 3893/S. 21)

Die sieben im Raum anwesenden Herren fühlten sich vom Heizer bald abgestossen. Unverschämt, diese Beschwerden eines Untergebenen, die er zudem teils unverständlich wirr vorbrachte, ganz wie sie ihm zufällig aus allen Himmelsrichtungen zuströmten. Man erfuhr nichts Eigentliches.

Bemerkenswert ist die überraschende Kehrtwende, die der Kapitän vollzog. Zu Beginn war er Schubal gegenüber skeptisch, soll es aber vielleicht auch nur vorgeschützt haben. Schlussendlich wandte er sich ganz gegen den Heizer und zog Schubal vor, mit den anderen Herren übereinstimmend. Kafka erzählt nun überraschend, dass der Kapitän diese Kehrtwende vollzog, weil ihm der Heizer viel Leid angetan haben soll. Warum Leid angetan? Durch seine wirren Reden? Der Heizer hatte sich nie offen gegen den Kapitän gewandt. Aber bedrohte er in diesem das herrschende Ich, das der Kapitän personifiziert? Will Kafka damit zeigen, dass diesem tüchtig eingeheizt werden könnte? Vielleicht nur vorgeschützte Einwände des Kapitäns gegen Schubal, schreibt Kafka – dachte er dabei an Lippenbekenntnisse? Wurde das Bekenntnis zu unserer Natur, zu unserer Libido, vom Kapitän nur vorgeschützt? Nahm er sich als Befehlsgewaltiger, als das Ich, nur scheinbar des Heizers oder der Libido an, um sich dann aber gegen sie zu wenden? Das ist uns nicht unbekannt – eine Psychologie, die vorgibt, sich der unterdrückten Sexualität anzunehmen, sie dann aber der Kultur zu opfern bereit ist. Und zurück bleiben hilflose Menschen und ihre Werke, bewegt von einem traumatisch unruhigen Element, auf dem sie mit zuckenden Händen ihre Boote schnurgerade zu steuern haben.

Karl Rossmann wurde unterdessen von seinem stinkreichen Onkel als der von ihm gesuchte Neffe erkannt, von dessen Ankunft er informiert worden war. Ihn zu suchen war er auf das Schiff gekommen. Man beglückwünschte Karl allerseits für sein Glück, hatte er doch den legendären, reichen amerikanischen Onkel gefunden. Der in Ungnade gefallene Heizer dagegen wurde dem Gericht des Kapitäns überlassen. Der Naturkraft wurde bald ein Ende bereitet, indem der Kapitän dem Heizer Schubal voranstellte.

So meinte der Onkel zu Karl:

«Missverstehe die Sachlage nicht», sagte der Senator zu Karl, «es handelt sich vielleicht um eine Sache der Gerechtigkeit, aber gleichzeitig um eine Sache der Disziplin. Beides und ganz besonders das letztere unterliegt hier der Beurteilung des Herrn Kapitäns.»

(Franz Kafka/Amerika/Suhrkamp 3893/S. 35)

Als Karl mit seinem Onkel das Schiff verliess, fühlte er sich elend wegen des Verlusts des Heizers. Er brach noch auf der obersten Stufe der kurzen Treppe, die zum Boot hinunterführte, das sie an Land bringen sollte, in heftiges Weinen aus. Darauf im Boot war es, als gäbe es keinen Heizer mehr. Und als Karl den Onkel genauer ins Auge fasste:

... kamen ihm Zweifel, ob dieser Mann ihm jemals den Heizer werde ersetzen können.

(Franz Kafka/Amerika/Suhrkamp 3893/S. 39)

Der riesige Reichtum des Onkels wird also den Heizer nicht ersetzen können! Ohne den Heizer sträflich zu vernachlässigen, wird auch kaum ein solch riesiger Besitz wie der des Onkels erworben. Mit der von Karl später erlebten Demonstration gegen diesen Krösus, dem ein unmenschliches Verhalten gegenüber seinen Arbeitern vorgeworfen wurde, wird Kafka uns zeigen, dass mit dem Verlust des Heizers auch ein Verlust von Mitgefühl einhergeht. Kafka sah vermutlich Unmenschlichkeiten auch als Folge einer eingebüssten Libido!

Auch in «Amerika» ist auszumachen, wie schon vom «Schloss» gezeigt, dass Kafka vom Kindlingeffekt weiss. So nutzt er, wohl in Anlehnung an den Forscher Emil du Bois-Reymond (1818–1896), die von diesem eingeführte Metapher eines Telegraphenamtes für bioelektrisches Geschehen. Als der Onkel Karl seinen Betrieb zeigte, führte er ihn unter anderem in eine Telegraphenabteilung:

Der Onkel öffnete die nächste dieser Türen, und man sah dort im sprühenden elektrischen Licht einen Angestellten, gleichgültig gegen jedes Geräusch der Türe, den Kopf eingespannt in ein Stahlband, das ihm die Hörmuscheln an die Ohren drückte.

(Franz Kafka/Amerika/Suhrkamp 3893/S. 48)

Es ist bedauerlich, dass Kafka dieses Stahlband nicht näher beschreibt. Man kann es sich jedoch als eine über den Ohren rund um den Kopf führende kafkaeske Krone denken. So ist der Kopf eher eingespannt, als wenn ein üblicher Kopfhörer, mit Federbügel über dem Scheitel, den Druck einzig auf die Kopfhörermuscheln weitergibt. Da zudem von einem elektrisch sprühenden Licht die Rede ist, das den Mann im Telegraphenamt umgibt – eine höchst unübliche Raumbeleuchtung –, ist die Darstellung des Kindlingeffekts zu vermuten. Meine These, dass Kafka vom Kindlingeffekt erzählt, einzig auf diese Episode zu stützen, wäre allerdings gewagt. Es findet sich in «Amerika» aber noch Weiteres, das auf den Effekt schliessen lässt. Als Karl Rossmann bei seinem Onkel wohnte, hantierte er an der Mechanik eines ihm geschenkten Pultes. Dieses erinnerte ihn an ein Krippenspiel, das er in seiner Kindheit gesehen hatte. Er war damals davorgestanden, mit seiner unaufmerksamen Mutter hinter sich. Erstaunlicherweise achtete er jedoch keineswegs auf das Übliche eines Krippenspiels, wie Christkind, Maria, Josef und die Tiere – die erwähnt Kafka mit keinem Wort. Er erzählt nur von:

... dem stockenden Vorwärtskommen der Heiligen Drei Könige, dem Aufglänzen des Sternes und dem befangenen Leben im heiligen Stall. Und immer war es ihm erschienen, als ob die Mutter, die hinter ihm stand, nicht genau genug alle Ereignisse verfolge; er hatte sie zu sich hingezogen, bis er sie an seinem Rücken fühlte, und hatte ihr so lange mit lauten Ausrufen verborgenere Erscheinungen gezeigt, vielleicht ein Häschen, das vorn im Gras abwechselnd Männchen machte und sich dann wieder zum Lauf bereitete, bis die Mutter ihm den Mund zuhielt und wahrscheinlich in ihre frühere Unachtsamkeit verfiel.

(Franz Kafka/Amerika/Suhrkamp 3893/S. 42)

Eine zerstreute Mutter, wie wir schon eine im «Schloss» antrafen. Nun sind von den normalerweise aufgestellten Figuren im Krippenspiel nur die drei sich stockend vorwärts bewegenden Könige und das Aufglänzen eines Sterns erwähnt – aber mit keinem Wort Christkind, Maria, Josef, Ochs und Esel. Dem Krippenspiel neu zugesellt ist jedoch das Häschen, das sich vorn im Gras sichtlich freier bewegte als die befangenen Könige. Vielleicht war es dieses, worauf Karl weder zeigen noch von ihm sprechen sollte. Es erinnert ja auch an das von Rilke erwähnte Kaninchen und an die ihnen eigene Unart. Kafka wird sich einen anderen Weg der Errettung vorgestellt haben, als man uns mit der Geburt Christi und seinem Tod am Kreuz glauben machen will. Mit den Opfertod am Kreuz fand ja auch nur ein uraltes Ritual wieder Eingang in unsere Kultur. Wie es bei alten Volksgruppen der Brauch war, Schaf- oder Geissböcke mit eigenen Missetaten, Verfehlungen und Streitigkeiten symbolisch zu beladen, um sie dann im Glauben aus den Dörfern zu jagen, damit auch die Probleme loszuwerden, belädt man den geopferten Christus seit bald zwei Jahrtausenden mit Missetaten Milliarden Gläubiger.

Wie sollen aber einzig drei Könige, ein Stern und das Häschen Erlösung bringen? Setzt Kafka das Leuchten des Sterns vielleicht anstelle des verdorbenen vierten Königs oder an die der Beulen auf Hamlets Mutter Stirn? Jedenfalls bringt Kafka mit dem Häschen etwas Bewegung in diese alte Legende!

Oft, wenn ich etwas von E.T.A. Hoffmann lese, kommt mir der Gedanke, dass von vielen Dichtern aus seinem Werk geschöpft wurde. So tat dies vielleicht auch Kafka aus folgenden Zeilen:

Ha! indem ich dieses schreibe, flammt über meinem Haupt das herrliche Gestirn, das in treuer Verwandtschaft in meine Seele hinein-, aus meiner Seele hinausleuchtet – ja, ich fühle den glühenden, sengenden Strahl des langgeschweiften Kometen auf meiner Stirne, – ja, ich bin selbst der glänzende Schwanzstern, das himmlische Meteor, das in hoher Glorie prophetisch dräuend durch die Welt zieht.

(E.T.A. Hoffmann/Lebens-Ansichten des Katers Murr/dtv 2020/S. 449)

Mit den Flammen über dem Haupt wird gemeint sein, was der Wirtin durch das Andenken Klamms, das Häubchen über dem Scheitel, verwehrt war. Und was Kafka im Krippenspiel bescheiden als das Aufglänzen eines Sternes beschreibt, wird diesem von Hoffmann angeführten glühenden, sengenden Strahl des langgeschweiften Kometen auf der Stirn entsprechen. Zurückhaltend wie gewohnt, stellt Kafka ja äusserst taktvoll nur ein Häschen ausserhalb der Krippe auf und keinen wild schnaubenden, bedrohlich scharrenden Stier neben Ochs und Esel.

In Goethes «Märchen» glänzen Mensch und Tier, Brücke und Tempel immer stärker auf. Bei Kafka ist selbst der aufscheinende Stern Ursache eines weiteren, nicht enden wollenden Niedergangs – der Frontallappen scheint auf, wird also von

Energien überflutet, was noch mehr Verdrängtem den Weg ins Bewusstsein bahnt – und der Sturz des Protagonisten in die Schrecken des Unterbewussten setzt sich fort. Kafkas Darstellung ist zweifellos die richtige! Dieser Prozess führt, zumindest bis eine Heilung erreicht ist, in immer schrecklichere Regionen, je weiter man in die Vergangenheit zurückgeht. Allerdings sind zwischendurch immer wieder mal herrliche Zeiten zu erleben, die ich bei Kafka selten erwähnt finde.

Mit dem hier zusammengetragenen Material ist wohl genug aufgeführt, um den Versuch einer wissenschaftlich glaubwürdigen Literaturtheorie der grossen Dichter zu wagen. Mithilfe moderner Elektrotechnik und bildgebender Verfahren wäre noch Weiteres, nicht nur das Gehirn, sondern den ganzen Körper Betreffendes, zusammenzutragen.

Was heute von diesem Prozess erwartet werden kann, lasse ich Kafka mit seinen letzten Worten aus «Forschungen eines Hundes» sagen:

Die Freiheit! Freilich, die Freiheit, wie sie heute möglich ist, ist ein kümmerliches Gewächs. Aber immerhin Freiheit, immerhin ein Besitz.

(Franz Kafka/Forschungen eines Hundes/Fischer Klassik 90371/S. 415)

Literatur:

Ávila, Teresa von/Die innere Burg
Bibel/(Gute Nachricht)
Baudelaire, Charles/Die Blumen des Bösen
Bauer, Joachim/Das Gedächtnis des Körpers
Bauer, Joachim/Selbststeuerung: Die Wiederentdeckung des freien Willens
Niels Birbaumer/Dein Gehirn weiss mehr, als du denkst
Boadella, David/Wilhelm Reich: Pionier des neuen Denkens
Damasio, Antonio R./Der Spinoza-Effekt
Die alchimische Hochzeit des Christian Rosenkreuz
Döblin, Alfred/Hamlet oder Die lange Nacht nimmt ein Ende
Dostojewski, Fjodor Michajlowitsch/Der Idiot
Fetscher, Iring/Wer hat Dornröschen wachgeküsst
Goethe, Johann Wolfgang von/Das Märchen
Goethe, Johann Wolfgang/Faust I + II
Hoffmann, E.T.A./Lebens-Ansichten des Katers Murr
Hoffmann, E.T.A./Der goldne Topf
Hoffmann, E.T.A./Klein Zaches genannt Zinnober
Hoffmann, E.T.A./Elementargeist
Homer/Ilias (Übersetzung Voss)
Homer/Odyssee (Übersetzung Voss)
Houellebecq, Michel/Elementarteilchen
Jung, C. G./Die Psychologie des Kundalini-Yoga
Kafka, Franz/Forschungen eines Hundes
Kafka, Franz/Das Schloss
Kafka, Franz/Ein Bericht für eine Akademie
Kafka, Franz/Ein Landarzt
Kafka, Franz/Vor dem Gesetz
Kafka, Franz/Der Prozess
Kafka, Franz/Amerika
Kafka, Franz/Ein altes Blatt
Dr. Lack, Elisabeth/Kafkas bewegte Körper
Miller, Alice/Du sollst nicht merken
Miller, Henry/Ein Samstagnachmittag (Sämtliche Erzählungen)

Miller, Henry/Wendekreis des Steinbocks
Musil, Robert/Der Mann ohne Eigenschaften/Band I
Nietzsche, Friedrich/Also sprach Zarathustra
Nietzsche, Friedrich/Ecce Homo
Nietzsche, Friedrich/Die Geburt der Tragödie
Nietzsche, Friedrich/Die fröhliche Wissenschaft
Nietzsche, Friedrich/Götzendämmerung
Nietzsche, Friedrich/Jenseits von Gut und Böse
Nietzsche, Friedrich/Morgenröte
Rilke, Rainer Maria/Die Aufzeichnungen des Malte Laurids Brigge
Roth, Gerhard/Persönlichkeit, Entscheidung und Verhalten
Sannella, Lee/Kundalini-Erfahrung und die neuen Wissenschaften
Shakespeare/Hamlet
Shostak, Marjorie/Nisa erzählt
Sloterdijk, Peter/Kritik der zynischen Vernunft/Band I
Thoreau, Henry David/Walden
Wagenbach, Klaus/Franz Kafka

Peter Steiner wurde 1949 geboren. Mit 22 Jahren verstrickte er sich in einen viele Jahre dauernden psychosomatischen Prozess. Diesen löste er aus durch Selbstversuche gemäss der Vegetotherapie Wilhelm Reichs. Er ahnte dabei nicht in was für einen erstaunlichen und aufreibenden Prozess er sich hineinritt. Ein Zurück gab es nicht mehr, er wurde die Geister nicht mehr los, die er geweckt hatte. So trieb er den Prozess voran, indem er chronischen Verspannungen nachspürte und die diesen zugrunde liegenden Ängste zuliess. Dadurch schaufelte er den heute mit moderner Messtechnik problemlos messbaren Bioenergien den Weg frei. Diese krümmten ihn auch mal wie eine Crevette und liessen ihn entsetzt zittern und schlottern. Dies wenige Wochen ausgeübt, schüttelte es ihn darauf über einen Monat mehrmals täglich heftig durch, einem epileptischen Anfall nicht unähnlich. Dabei verlor er allerdings nie sein Bewusstsein, sondern erlebte diesen Reflex meist sehr befreiend, den von Reich so genannten Orgasmusreflex. Die diesen verursachenden Energien erreichten auch die visuellen Hirnareale und liessen ihn strahlende Lichter sehen. Diesen als Initiation zu betrachtenden Erlebnissen folgten schwere Jahre voller Hochs und Tiefs, denn die neu geweckte Energie stiess sich schmerzhaft an kranken Stellen und wühlte die vordem verdrängte, beängstigende Vergangenheit auf. Er versteht sich als einer der auszog das Fürchten zu lernen. Nach und nach entdeckte er, dass unter anderen J.W. Goethe, E.T.A. Hoffmann, Friedrich Nietzsche, Franz Kafka und R.M. Rilke, allerdings zum Selbstschutz verkappt, von diesem Prozess erzählen. Heute ist er in Pension. Seinen Lebensunterhalt verdiente er sich durch verschiedene Handwerksarbeiten.